돈의 노예에서 돈의 주인이 되는 삶으로 바꾸는 법

지속가능한 부의 비결

배종찬 지음

나비의 활주로

돈의 굴레로부터 벗어나
경제적 자유인을 꿈꾸는 이들을 위해

참으로 돈 벌기 어려운 시대입니다. 장기적 불황임에도 불구하고 코로나 19의 영향으로 모든 것이 어렵고 힘든 시기입니다. 취업은 가면 갈수록 어렵고, 비정규직은 늘어나며, 장사나 사업은 1997년 IMF와 2008년 금융위기 때보다 안 되니, 먹고 살기가 더욱더 어려운 시기가 도래했습니다. 이런 시기에 '돈이 인생의 전부가 아니다.' '돈이 행복의 전부가 아니다'라고 말하기에는 돈 앞에서 너무나 부끄럽습니다. 본인은 정작 돈에 허덕이며 돈의 노예처럼 살아가면서 남들에게는 '돈 없어도 돈에 대하여 당당함을 지녀라.'라는 이야기를 한다면 이는 자기모순이 아닐까요?

차라리 전 이렇게 솔직하게 말하고 싶습니다. "그동안 돈에 대하여 너무나 몰랐습니다. 그동안 돈 벌줄 만 알았지 돈 관리도 몰랐구요. 그동안 영어 공부, 수학 공부, 취업 공부만 하였지 돈 공부를 하지 못하였습니다. 그리하여 돈에 관해서는 원시인 같이 살았고, 돈에 허덕이며 살았었습니다. 하지만 이제부터는 돈에 관하여 제대로 알고 싶습니다. 돈 공부를 제대로 해서 돈을 익히고 배우며, 진짜 부자들처럼 돈을 굴리고, 관리하여 앞으로의 삶은 돈의 굴레로부터 벗어난 경제적 자유인이 되고 싶습니다."

이러한 생각이 필요한 시기가 아닐까요? 돈은 있어도 그만, 없어도 그만인 것이 아닙니다. 주변에 돈 많은 친척들을 한번 떠올려 보시고, 돈 없는 친척들도 한번 떠올려 보시길 바랍니다. 그 분들은 각각 어떻게 살아가고 계신가요?

'인생은 빈손으로 와서 빈손으로 간다. 따라서 돈, 돈, 돈 하지 않아도 된다.'라는 가난한 사람들의 말에 현혹되지 마시길 바랍니다. 돈이 없으면 없을수록 돈을 소중하게 다루지 않고 관리도 안하게 됩니다. 돈이 많으면 많을수록 돈을 더 소중하게 다루고 더 철저하게 관리합니다. 빈손으로 와서 빈손으로 가지만, 돈 가진자가 소천^{召天}할 때 재산은 자식들에게 남겨주게 됩니다. 그러한 돈은 다시 손자·손녀들에게 남겨집니다. 이처럼 돈은 여러분에게 선택조건이 아니라 필요조건입니다. 따라서 여러분의 인생을 재미나게 행복하게 돈 걱정 없이 살고 싶다면 돈에 대한 편견을 버리시고 열심히 돈 버셔야 하고, 부지런히 돈 모으셔야 하며, 모은 돈을 재테크를 통하여 잘 굴리셔야 합니다.

이 책은 돈에 대하여 절실한 분들이나 돈에 대하여 제대로 된 공부를 원하시는 분들을 위하여 썼습니다. 물론 이 세상에는 돈에 관련된 수많은 좋은 책들이 있습니다. 하지만 실제적으로 피부에 와 닿는 책은 그다지 많아 보이지 않습니다. 이 책은 여러분의 돈에 대한 잘못된 생각을 바꾸어 드리고, 돈에 대한 게으른 행동을 바꾸어 드리며 왜 돈을 벌어야 되는지 알려 드립니다. 또한 돈 공부를 시작하여 어떻게 돈을 관리하고 행복을 추구해 나갈 것인지에 관하여 말합니다. 따라서 필연적으로 다가올 노후에는 돈의 노예에서 돈의 주인이 되는 삶으로 바꾸어 드리고자 합니다.

아무쪼록 이 책이 사회초년생들이나 돈에 대하여 입문하고자 하는 많은 분들, 또한 중년과 노년이지만 돈에 대한 철학을 다시 한 번 정립하여 세대를 이어가는 부자가 되고자 하는 분들에게 돈에 관한 자유인과 지속 가능한 부자가 되시는데 작은 도움이 되었으면 좋겠습니다.

배종찬

돈 버는 법
PART 3 | 돈을 벌 수밖에 없는 절대 원칙

돈 모으는 법
PART 4 | 누구나 할 수 있는 돈이 모이는 비결

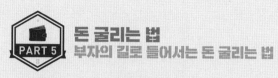

돈 굴리는 법
부자의 길로 들어서는 돈 굴리는 법

돈 지키는 법
부자의 길을 단단하게 해주는 돈 관리법

PART 1

돈의 실체-
돈이란 도대체 무엇인지
제대로 아는 법

CHAPTER 1
오늘을 살아가는 우리에게 돈이란 무엇일까요?

나는 평생 돈을 버는 데 미쳐 있었다.
그런데 돈을 버는 것보다 더 중요시한 것은 확실한 목표를 정하고
그것을 성공시키는 일이었다.
- 코넬리어스 밴더빌트

"교수님, 돈은 왜 필요한가요?"

대학교수 시절, 학생들이 제게 물었습니다. 이 질문에 전 미사여구를 달지 않았습니다. 또한 돈의 어원이나 기원 혹은 교환가치, 사용가치, 내재가치 같은 원론적인 답을 하지 않았습니다. 그냥 솔직담백하게 이렇게 말했습니다.

"돈은 말 그대로 선택 조건이 아니라 그냥 필요조건입니다. 그러니 학생들은 무조건 돈을 벌어야 합니다." 더불어 "어른이 된다면 당신의 얼굴이 바로 돈이 될 것입니다."라고 말했습니다. '돈이 너의 얼굴이다.'라는 표현은 조금 심한 것 같기도 하죠. 하지만 조금 더 깊게 생각해보면 그 말속에 '돈이란 무엇인가'에 대한 정답이 있습니다. 돈이 많으면 많을수록 행복 지

수와, 돈이 없으면 없을수록 불행 지수와 가까워집니다. 주변을 한 번 둘러보세요. 먼저 부모님을, 그리고 할아버지, 할머니, 삼촌들, 이모들 등 가족이나 친척을 놓고 생각해보세요. 어떤 분들은 행복하신 것 같고, 어떤 분들은 불행하신 것 같지요. 그렇다면 그 친척들의 행복과 불행의 기준은 무엇인가요? 돈의 많고 적음에 따라 행복과 불행의 기준이 나뉘지는 않는지요? 물론 돈이 많다고 다 행복하다거나 돈이 없다고 다 불행하다는 말은 아닙니다. 다만 돈이 많으면 많을수록 행복 지수와 가깝고 돈이 없으면 없을수록 불행 지수와 가깝다는 것입니다.

"에잇, 세상에 그런 이분법적인 논리가 어디에 있어요?"라고 생각하시는 분이 계시다면 그분은 아직 가난, 배고픔, 돈 없어서 당하는 여러 가지 고통에 대하여 혹독한 경험을 안 하신 것입니다. 하지만 가난과 배고픔, 돈이 없어 고통을 당해보신 분이라면 제 말에 공감하실 것입니다.

돈은 한마디로 표현한다면 당신의 얼굴이자 인격이자 가치이고 권력이며 인간 관계입니다. 심지어 독일의 사회주의 경제 철학자인 카를 마르크스Marx, Karl는 돈에 대하여 이렇게 이야기합니다.

"돈은 선을 악으로, 악을 선으로, 불의를 정의로 만드는 전능의 힘이 있다."

어떻게 보면 자본주의 하에서 살아가는 우리에게 돈은 거의 절대적이라고도 할 수 있습니다. 그렇다면 돈이 왜 우리 삶에 이렇게 중요한지 하나씩 설명해 볼까요?

첫째, 돈이 많으면 얼굴이 밝아집니다. 돈 없는 주변 사람들을 떠올려 보시면 바로 이해가 되지요? 항상 억눌린 표정이고 얼굴에는 수심이 가득하며 웃음도 왠지 어색하게 보일 정도입니다. 그에 반하여 돈 많은 지인의 얼굴을 한번 생각해보시죠. 피부색도 밝고 얼굴 자체가 훤하다는 생각이 들 정도입니다. 그것이 바로 먹고살 만한 돈이 있느냐, 없느냐에 따라서 얼굴색이 달라지기 때문입니다.

둘째, 돈이 많으면 인격도 달라집니다. 일단 돈이 없으면 생활에 여유가 없습니다. 아무것도 아닌 일을 가지고도 신경이 예민하게 되고, 웃긴 이야기를 해도 나를 무시하는 것 같아서 화를 내며, 잘해줘도 동정하는 것 같아서 기분이 나빠집니다. 무엇보다 돈이 없으니 내 마음대로 하지를 못 하니 몸과 마음에 응어리가 가득할 뿐이죠. 그래서 감정 기복이 심하게 되고 아무것도 아닌 일로도 분노가 폭발하게 됩니다.

요즘 이혼율이 증가하고 있는데요. 이혼의 사유는 많겠죠. 성격 차이, 환경 차이 등의 이유가 있겠지만 실질적으로 보면 결국 '돈' 때문에 이혼하는 일이 훨씬 더 많지 않을까요? 겉으로는 성격 차이라고 하지만 실질적으로 보면 '돈이 없어서 서로 간에 신뢰가 깨지는 것'으로 이혼율이 증가되는 것은 아닐까요? 미국 경제잡지 〈포브스〉의 발행인 버티 포브스Bertie Forbes가 그의 아들에게 이런 말을 하였답니다. "아들아, 인생을 살아가는 백 가지 문제 중에서 아흔아홉 가지 문제의 해답은 돈이란다."

이에 반하여 돈이 많은 지인을 떠올려 보시죠. 말 한마디를 해도 따듯하게 하고 이해심도 있고 남의 이야기를 듣기도 잘하며 배려심도 있지 않습니까? 한 마디로 돈이 많으면 품격이 높아집니다.

셋째, 돈이 많으면 자신의 가치가 올라갑니다. 돈이 많으면 좋은 차를 타게 되고, 좋은 차를 타고 다니면 대접이 달라집니다. 또한 자신의 몸에 걸치는 옷이나 가방이나 구두의 수준도 올라갑니다. 그렇다면 부자들은 왜 자신을 꾸밀까요? 미국의 경제학자인 소스타인 베블런Thorstein Bunde Veblen은 저서 《유한계급론》에서 이렇게 말합니다. "부자들의 소비는 자신의 과시욕, 허영심을 위한 소비이다." 즉, 부자들은 비싸면 비쌀수록 자신의 가치가 더 올라가는 것으로 보고 소비한다는 것입니다. 이러한 소비 형태를 베블런 효과Veblen Effect라고 합니다.

이에 반하여 돈이 없어서 옷도 계절에 맞추어 제대로 입지 못하고 헐벗은 모습이라면 과연 그 사람의 가치가 높다고 말할 수 있을까요? 물론 돈이 없으면서도 자신이 마치 돈 많은 것처럼 보이기 위하여 짝퉁 명품을 들고 다니기도 합니다. 이를 파노플리 효과Panoplie Effect라고 하는데, 이는 말 그대로 상류층이 되고 싶은 마음을 담은 소비 형태일 뿐입니다. 오히려 마음 한편으로는 사람들이 짝퉁 명품임을 알까봐 얼마나 마음이 초조할까요? 결국 자신의 가치를 올리기 위한 행위가 자신의 가치를 스스로가 깎아내리는 상황을 초래합니다. 이처럼 돈은 자신의 가치입니다.

넷째, 돈은 그 사람의 권력입니다. 모든 권력은 돈에서 나오죠. 돈이 있으면 사람들이 모여들고 사람들이 모여들면 권력이 생기며 그러한 권력은 또 돈을 탐하게 되겠죠. 결국 돈은 권력입니다. 어떤 모임이든, 어떤 자리이든 돈 많은 사람이 좋은 자리에 앉게 되고 그 조직의 리더가 됩니다. 돈이 없으면 어떤 모임이든, 어떤 자리든 뒷자리에 앉으려고 스스로가 정한 자리에 앉게 됩니다. '인류는 평등하다.'라고 아무리 말해도 소용없습니다. 심지어 미국이나 유럽에서 온 백인들은 우대하고, 아프리카나 동남아에서 온 외국인들은 백인들에 비해 은근히 다소 밑으로 보는 경향이 우리 마음속에 있지 않나요? 국가만 놓고 보더라도 국민을 이렇게 차별하게 되는 걸 우리는 쉽게 부인하기는 어려울 것입니다.

다섯째, 돈은 인간 관계입니다. 돈이 많으면 부부, 가족, 친척, 사회, 종교, 친목 관계 등 모든 관계가 좋을 가능성이 커집니다. 물론 성격에 따라 달라질 수도 있겠지만 대부분 사람들의 보편타당한 성격을 기준으로 한다면 말입니다. 부모가 능력이 되어서 경제적으로 자녀들을 뒷바라지 한다면 자녀들은 자연스럽게 부모님을 신뢰하고 존경하며 따르게 될 것입니다. 하지만 부모가 돈이 없어서 자녀들의 뒷바라지를 하지 못 한다면, 심지어 부모가 늙어서 본인들조차 생계를 유지하기 힘들어 어려운 자녀들에게 손을 벌린다면 가족 관계가 원만하겠습니까? 서로가 말은 안 해도 얼마나 불편하고 힘들까요?

친척들과의 관계 또한 마찬가지입니다. 본인들이 잘살면 친척들을 만나도 웃음이 넘치고 활기가 넘치죠. 하지만 그렇지 못하다면 친척들 보는 것조차 꺼리게 됩니다. 이렇듯 돈이 인간 관계입니다. 성당이나 교회, 절도 그렇지 않을까요? 신부님, 스님, 목사님들 또한 돈 많은 신자들과 좀 더 가까이 지내지 않을까요? 성경에는 이런 구절이 있습니다.

'부자의 재물은 그에게 안전한 성과 같지만, 가난한 자의 빈궁은 그에게 파멸을 가져다준다(잠언 10장 15절).'

결국 돈이 있다면 가족, 친척, 사회, 친목, 신앙에 얽힌 관계에 이르기까지 원활하게 유지하게 해주며, 돈이 없다면 이러한 모든 관계에서 문제가 생길 수 있습니다. 전도서(10장 19절)에 이런 말이 있습니다. '돈은 모든 것을 해결해 준다.' 결국 돈은 우리의 얼굴이자 인격이고 가치이자 권력이며 인간 관계입니다. 따라서 돈은 선택조건이 아니라 무조건 벌어야 하고 많이 벌어야 하는 필수조건입니다.

CHAPTER 2

우리는 왜 돈을 벌어야 할까요?

가난하게 태어난 것은 당신의 실수가 아니다.
그러나 죽을 때도 가난한 것은 당신의 실수다.
- 빌 게이츠

예전에 모 광역시의 기초 생활 보장 수급자 수백 명을 상대로 특강을 한 적이 있습니다. 특강은 〈벼랑에서 나를 건지기〉라는 주제였는데요. 강의를 시작하기 전 이렇게 먼저 청중에게 "여러분, 왜 돈을 벌어야 될까요?"라고 질문했습니다.

"저는 여러분의 마음을 조금이나마 알 수 있을 것 같습니다. 저 자신도 어릴 적 너무나 가난하게 자랐기 때문에 가난의 아픔과 고통에 대해서 누구 보다 잘 알고 있습니다. 장대비가 쏟아져도 집에 비닐우산 살 돈이 없어서 비를 맞고 학교에 갔습니다. 그리고 저는 책가방이 없어서 누나의 사직여자 중학교 천으로 만든 보조 가방을 들고 다녔는데 보조가방 뚜껑이 없어서 학교에 가면 옷도, 가방도, 책도 다 젖었습니다. 그리고 저의 마음도 젖었습니다. 물에 젖은 생쥐가 따로 있습니까? 어릴 적 저의 모습은 비만 오면 항상 젖어있는 그러한 가난뱅이의 아들이었습니다."

"여러분, 왜 돈을 벌어야 될까요? 다시 한 번 여쭈어 보고 싶습니다!"

"제가 한번은 비를 맞고 학교에 가는데 부잣집에서 자가용이 한 대 나오더군요. 뒷좌석을 보니 제 또래의 여자아이가 타고 있더군요. 순간적으로 눈이 마주쳤습니다. 그 때 저는 저 자신도 모르게 눈을 내리게 되더군요. 그리고 가슴 한곳에서 말로 표현하지 못할 무엇인가가 올라왔습니다. '난 앞으로 커서 우리 아들, 딸에게는 저런 집에서 저런 자가용을 타고 학교 다니게 해야겠다. 나처럼 비 맞고 학교에 보내지 않겠다.'라고 결심했습니다. 그때 제 나이가 열 살 무렵이니까 지금 시간이 많이 지났죠. 그런데 말입니다. 이러한 각오가 바로 돈을 벌어야 되는 이유가 되었습니다. 돈 벌어서 혼자만 잘 먹고 잘살자가 아니라, 돈을 벌어서 우리 가족을 지키고 잘살게 만들고 싶다는 것이 어린 배종찬의 꿈과 희망이었습니다."

이렇게 얘기했지요. 그런데 많은 사람들은 돈을 타부Taboo시 하는 것 같습니다. 지금의 문제뿐만이 아니라 오래된 관습과 학습으로 많은 사람들은 돈을 꺼려하고 돈 이야기를 하면 속물이라고 여기는 것 같습니다. 《성경》 말씀에도 '부자가 하느님 나라에 가기는 어렵다'라고 하고, '모든 악의 뿌리는 돈을 사랑하는 것이다.'라고도 하고 있습니다. 최영 장군은 '황금 알기를 돌같이 알라'고 할 정도였으니 오죽하겠습니까? 그리고 조선 시대의 성리학도 '돈을 천하게 여기고 청빈'을 요구하였지 않았습니까? 또한 사농공상土農工商으로 직업의 귀천까지 두었지 않았습니까? 선비, 농민, 장인, 다음에 돈 버는 장사꾼 상인이었으니 돈이 아무리 많아도 조선 시대에는 신분상으로는 천하게 여겼다는 것입니다. 그런데 말입니다. 지금도 매한 가지입니다. 일부 돈 없는 사람은 흔히 이런 말을 하죠. "돈이 인생의 전부가 아니다."라고요.

하지만 오늘날 대부분의 사람들은 부자들을 겉으로는 욕하는 듯 하지만 속으로는 부러워합니다. 돈에 관련해서는 표리부동表裏不同하다는 말입니다. 하지만 지금은 시대가 완전히 달라졌습니다. 아무리 명예니 학식이니 인품이니 등을 따져도 현재의 사회는 돈이 많은지 적은지에 따라서 그 사람의 명예와 학식과 인품이 결정되기도 합니다. 결국 지금은 돈으로 많은 것이 결정되는 시대입니다. 저는 당신에게 이렇게 말씀드리고 싶습니다. "돈이 많으면, 돈은 여러분에게 네 가지 자유를 얻게 해줍니다."

첫 번째, 경제적 자유입니다. 돈이 없으면 고통 속에 빠지게 됩니다. 급하게 돈을 필요해도 아무것도 할 수 있는 것이 없습니다. 아이들 학원비는 고사하고 학비조차 내지 못하여 결국 아이들이 학자금 대출을 받아서 대학을 다니게 되고 생활자금 대출까지 받아서 살아야 합니다. 이런 아이들의 미래 또한 희망이 많아 보이지 않습니다. 가난의 대물림, 심각한 소득 양극화 등 모든 사회적 문제가 바로 돈이 없어서 생기는 것이지요. 이러한 고통 중 제일 큰 것이 바로 경제적인 고통입니다.

하지만 돈이 많으면 모든 것이 달라집니다. 좋은 집과 차와 같은 좋은 환경에서 교육까지 좋은 교육을 받게 함으로써 아이들의 미래가 달라지고 우리의 노후까지도 달라지지 않을까요? 결국 돈은 여러분에게 경제적 자유를 줍니다.

두 번째, 정신적 자유입니다. 돈이 없어서 겪는 정신적 고통은 말하나 마나가 되겠죠. 아이들에게 좋은 옷이라도 입히고 좋은 학원이라도 보내고 싶은데 그러한 형편이 되지 못할 때 얼마나 아이들에게 미안합니까? 또는 자녀된 도리로서 부모님을 봉양해야 하지만, 봉양하지 못하는 고통 또한 돈이 없어서 겪어야 하는 것입니다. 또한 돈 없음으로써 당해야 하는 사회적인 불평등 또한 정신적인 고통이 되겠죠.

세 번째, 시간적 자유입니다. 돈이 많으면 내가 할 일을 직원에게 시키면 됩니다. 회사 일도 직원에게, 집안일도 가사도우미를 두고 운전 또한 기사를 두어서 하게 하면 됩니다. 다시 말해 돈이 많으면 시간적 자유를 얻을 수 있습니다. 이러한 잉여 시간에 돈 많은 사람들은 새로운 사업을 구상하거나 새로운 투자처를 찾아서 더 많은 돈을 벌기 위해 노력합니다.

하지만 돈이 없으면 시간에 쫓기면서 살아야 합니다. 본인이 모든 일을 해야 하기에 시간적 여유가 없습니다. 택시를 모는 이들이나 아르바이트로 생계를 유지하는 이들을 보면 답이 보입니다. 어렵고 힘든 이들에게 시간은 바로 돈입니다. 돈은 시급이고 시급은 바로 먹고 사는 생계비입니다. 결국 시간적 여유가 없을 수밖에 없습니다. 택시의 속도와 고급 승용차의 속도를 비교해 보시면 답이 보일 것입니다.

네 번째, 육체적 자유입니다. 돈이 많으면 이왕이면 넓고 큰 집을 선호합니다. 그리고 크고 안전한 좋은 차를, 먹는 것도 맛있고 분위기를 즐길 수 있는 곳을 선호합니다. 또한 이왕이면 멋진 옷에 품위 있는 장식품을 사고자 합니다. 이 모든 것은 자신의 육체를 좀 더 편하고 귀하게 보이고자 하는 사람의 욕망이라고 봐야 하겠죠.

이에 반하여 돈이 없으면 원룸에서 부모님을 모시고 살아야 합니다. 그리고 수시로 고장 나는 중고 자동차로 짜증이 납니다. 품위 있는 옷은 고사하고 겨울에 따뜻한 롱코트 하나 사는 것도 겁이 납니다. 이 모든 것이 돈이 없음으로서 겪어야 하는 육체적 고통이지 않겠습니까? 이처럼 돈은 사람에게 육체적 자유를 줍니다. 따라서 돈은 있어도 그만, 없어도 그만인 것이 아니라, 돈은 오늘을 살아가는 우리에게는 꼭 필요한 것입니다. 따라서 돈을 열심히 벌어야 합니다. "돈은 독약보다 더 많은 살인을 한다."라고 셰익스피어는 말했습니다. 돈이 없으면 살아있어도 살아있는 것이 아니라, 죽은 것으로 봐야 합니다. 죽지 못해 살아갈 것인가? 행복한 삶을 살 것인가? 이 모든 것이 당신의 돈에 대한 인식에서부터 시작됩니다.

CHAPTER 3
왜 지금 당장
돈 공부를 해야 할까요?

걸음마를 시작하기 전에 규칙을 먼저 공부하는 사람은 없다.
직접 걸어 보고 계속 넘어지면서 배우는 것이다.
- 리처드 브랜슨

　참 암울한 시대에 살고 있습니다. 부자들은 아우디, 벤츠를 타고 다니
지만 돈 없는 사람들은 리어커를 끌고 종이를 줍지요. 종이 상자를 도로에
내 놓으면 순식간에 없어지는 것이 요즈음의 추세입니다. 특히 코로나 19
이후의 시대는 암울하다 못해 앞이 깜깜할 지경입니다. 요즘 같은 경기에
도 식당을 오픈하는 점포도 있지만 개업한지 몇 달 만에 문 닫는 곳이 더
많이 생겼습니다. 공장도 그렇습니다. 원자재 가격, 인건비는 급등하는 반
면에 코로나 19의 영향 및 저성장의 원인으로 인하여 판매 부진한 상태에
재고 물량은 쌓여가고 있습니다. 이렇게 문을 닫는 공장들 또한 비일비재
합니다. 심지어 백화점과 대형마트 등도 매물로 나오고 있는 실정입니다.
또 그 와중에 조금만 장사가 잘된다 치면 너 나 할 것 없이 비슷한 상표와

비슷한 제품으로 사업을 시작하는 시대가 되었습니다. 결국 한정된 소비자를 상대로 무한경쟁을 펼치니 장사나 사업이나 잘될 일이 없겠죠. 큰일입니다. 무엇하나 잘 되는 장사나 무엇 하나 잘 되는 사업 찾기가 어려운 시기입니다.

장사만 큰일이 아닙니다. 우리 주변에는 20대에서 50대까지 직장을 구하는 많은 사람들이 있습니다. 대학교 졸업을 해도 취업할 곳이 없는 시대입니다. 취업해도 회사에서 언제 나가야 될지 모르는 비정규직이 태반이지 않습니까? 따라서 사람들이 앞으로 무엇을 하고 먹고 살아야 될지 걱정입니다. 주변을 살펴보시기 바랍니다. 주변에 20대 후반, 30대이면서 직장을 구하는 사람이 없습니까? 주변에 40대이면서 직장을 그만 두신 분이 안 계십니까? 주변에 50대에 정년퇴임하시고 무슨 장사를 할까 걱정하시는 분이 안계십니까? 주변에 신용 카드 빚에 시달리는 사람이 없습니까?

큰일입니다. 너나 할 것 없이 시대적 공감대는 "참… 먹고 살기 어려운 시기이다."입니다. 더 중요한 것은 앞으로 더 "먹고 살기 어려운 시기가 될 것이다."라는 말입니다. 이런 시대에도 '돈 없어도 된다.'라는 생각은 정말 무책임합니다. 프랑스의 무신론적 실존주의 철학자 알베르 카뮈Camus, Albert는 가난에 대하여 이렇게 이야기합니다. "가난은 행복의 가장 큰 적이다. 당신이 불행한 부자라고 해도 가난한 것 보다는 행복하다. 돈이 없어도 행복해질 수 있다는 생각은 정신적 허영이다."

싫든 좋든 코로나 19 이후의 시대는 한 번도 겪어보지 못한 삶이 이어질 것이며, 앞으로 다가 올 장기불황에 더 막막한 삶을 살아가야할 것으로 보입니다. 아시다시피 영국의 경우에는 60년 동안의 장기불황이었으며 일본은 현재 진행 중에 있습니다. 우리나라도 '몇 년 전부터 장기불황의 시대에 접어들었다.'라고 개인적으로 생각하고 있습니다. 여기에 코로나 19까지 영향을 미치므로 장기불황이 예상보다 더 빨리 다가왔습니다. 장기불황 시대의 특징은 '소비를 적게 한다.'는 말입니다.

솔직히 이야기하면 쓸 돈이 없다고 봐야 되겠죠. 쓸 돈이 없으므로 소비를 축소하는 것이고, 소비가 축소되다 보니까 공장의 재고물량이 쌓이는 것이고, 공장의 재고가 쌓이다 보니까 근로자를 새로 채용하기 보다는 있는 근로자까지 시간제 근로자나 비정규직으로 돌리는 것이 하나의 특징입니다. 정부의 입장에서는 소비가 촉진되고 공장이 잘 돌아가야지 국민총생산이 증가될 것이고 살맛나는 사회가 구축될 것인데 지금 전 세계적으로 너무나 어려운 실정입니다. 따라서 정부는 소비촉진 정책을 펼 수 밖에 없으며 이에 수반되는 행위들은 저금리 정책에 중점을 둘 수밖에 없습니다.

저금리 정책이란 시중에 돈이 돌지 않으므로 시중에 돈이 돌게 하기 위하여 금리를 낮추는 것입니다. 금리가 낮아지면 은행예금 이자로써 만족하지 못하는 자금이 은행 밖으로 나올 것이고, 이런 자금이 결국 주식 시장이나 부동산 시장 등에 투여됨으로써 소비가 촉진되는 현상을 노리는 것이지요. 아무튼 이렇게 어려운 시기에 우리는 직면하고 있습니다. 이런 장기 불황이 몇 년 안으로 끝날 것 같지는 않습니다. 출산율은 낮아지고 어르신들의 분포도는 증가하는 시기입니다. 일할 수 있는 사람들은 가면 갈수록 줄어들고 일하기 어려운 어르신들은 가면 갈수록 늘어납니다.

예전 남자들은 태어나서 초등학교, 중학교, 고등학교, 대학교(군대) 이렇게 16년 동안 공부하여 27세에 평생직장을 구하여 3, 40년 동안의 삶을 다소나마 여유롭게 살았습니다. 그러나 이제는 16년 동안 힘들게 공부하여 27세에 직장을 구하고 재수 좋으면 20년 동안 직장 생활을 할 수 있으며 은퇴 후에는 무려 40년 동안을 일자리 없이 살아가야 합니다.

그러면 여러분에게 한 가지 물어 보겠습니다. 45세까지 직장 생활을 계속 할 수 있겠습니까? 45세까지 직장 생활이 너무나 짧다면, 좋습니다. 그렇다면 50세까지 직장 생활을 할 수 있겠습니까? 만약 50세까지 직장 생활을 한다고 가정한다면, 앞으로 나이 90세까지 사신다면, 나머지 40년 동안 무엇을 하며 먹고 사실 겁니까? 하루하루 살아가는 것이 중요한 것이 아닙니다. '죽지 못해 살아가는 삶'과 '더 오래 살고 싶은 삶'은 하늘과 땅 차이입니다.

지금 회사에서 월급 나오고 퇴직 후에는 연금이 나온다고 좋아하지 마세요. 자본주의에서 자본의 집단이 노동자들에게 충분히 먹고 살 만큼 주지 않는 것이 원칙입니다. 노동자나 근로자들에게 주는 월급의 가치는 한 달에 딱 먹고 살 만큼의 돈을 주는 것입니다. '이런 숨 막히는 시대에 우리는 어떻게 내일을 위해 준비를 하여야 하는가?'에 대하여 우리는 심도 있게 고민해야 합니다. 단순하게 내일을 위한 준비가 아닙니다. 앞으로 40년,

50년에 대한 준비를 지금부터 차근차근 해 놔야 한다는 말입니다. 직장이라는 녀석이 갑자기 당신의 목을 칠 때 살려달라고 애원하는 사람이라면 결국 40년, 50년 동안 죽지 못해서 산다는 푸념이 나올 것입니다.

따라서 우리는 본업에 열심히 주력하면서도 투자에 관해 공부해야 합니다. 여기서 투자에 대한 공부는 예금, 주식, 부동산 이렇게 포트폴리오를 구성하는 것이 기본입니다. 하지만 지금처럼 저금리 시대에서는 예금으로 재테크를 하는 것은 크게 의미가 없습니다. 주식의 경우에도 거대 펀드매니저와 거대 자금의 큰 손 들과 백전불태하는 외국 자본과의 투자 전쟁에서 과연 단타 위주로 하는 여러분이 얼마나 성과를 낼 수 있을까 의문이 듭니다.

물론 지금은 주식으로 돈 벌고 있다고 말할 수 있겠으나 이러한 증권계좌의 자금은 현재의 자금일 뿐 주식매각으로 인하여 현금화시키지 않는다면 결국 종합 주가 지수 하락 시기에 편승하여 팔지 못하면 결국 장기 투자자가 될 수 있습니다. '나는 꽃 피는 시기에 수익내고 팔 것이다.'라고는 말하지만 대한민국의 주식 투자자들이 꽃 피는 시기에 주식을 매도해서 다들 돈을 벌었다면 다들 주식 투자 못해서 안달이겠죠.

하지만 주변을 둘러보세요. 주식 투자해서 돈을 번 사람들보다 돈이 나간 사람이 더 많습니다. 지금도 앞으로도 그러할 것입니다. 역사가 되풀이되듯이, 소가 되새김질을 하듯이 모든 자금의 흐름은 어제를 교훈 삼아 오늘이 있으며, 오늘을 교훈 삼아 내일이 있을 뿐입니다.

하지만 부동산의 경우에는 다릅니다. 제가 부동산 투자 전문가라서 말하는 것이 아닙니다. 전 대한민국에 돈 되는 모든 것에 관심이 많은 사람입니다. 부동산 투자, 토지, 경매, 상가, 재개발, 재건축, 분양권, 양도소득세 절세법을 연구하였으며 주식에 대해서는 정말 남부럽지 않게 공부하고 투자도 해 보았습니다. 또한 개인적인 사업으로 온라인, 오프라인 교육사업, 식당 체인사업, 부동산업 등 돈에 관련된 일이라면 부지런히 뛰어다녔습니다. 왜 이렇게 직장 생활을 하면서도 적극적인 삶을 살았느냐고 물어보시면 전 이렇게 답하고 싶습니다.

'왜 열심히 사는가?' 답은 아주 간단합니다. "잘 먹고 잘 살기 위해서 이렇게 열심히 노력하는 것일 뿐입니다." 그 어떤 미사어구를 동원하여 자본을 숨긴다 하여도 결국 자본주의에서 돈 버는 이유는 단 한 가지 일 뿐입니다. 잘 먹고 잘살기 위해서 노력하는 것뿐이지요.

'왜 돈 공부를 해야 하는가?' 여기에 대한 질문에도 같은 대답이 나갑니다. 잘 먹고 잘살기 위해서입니다. 특히 정년 후의 40년을 위하여 준비해야 합니다. 지금 당장 다람쥐 쳇바퀴 돌리는 듯한 삶에서, 앞으로 40년, 50년, 60년을 위하여 진지하게 돈 공부하시기 바랍니다.

예전 라디오 방송에서 이런 말이 나오더군요. 일본어 학원에서 일본인 며느리를 두신 68세 되신 할머니께서 일본어 수강 신청을 하셨습니다. 이에 원장은 "할머니 일본어 회화는 2년 정도 하셔야 되는데 그러면 할머니 나이가 70세 아닙니까? 그럴 바에야 공부 안 하시는 게 더 좋지 않을까요?"

이에 할머니의 대답은 이렇습니다. "여보게 내 나이가 지금 68세이지만 지금 공부하지 않아도 2년 뒤에는 70세가 되네. 언제 죽을지는 모르지만 죽을 것을 예상하고 공부하지 않는다면, 2년이 지난 후에도, 10년이 지난 후에도 난 언제나 일본 며느리와 말도 통하지 못하는 노인네가 될 뿐일세…."

한번은 서울에서 특강을 하는데 70세 되신 할머니께서 강의에 참석하셨습니다. "어머님, 그 연세에 어떻게 인터넷을 통하고 이렇게 재테크 강좌에 나오셨나요?"라고 제가 물었습니다. "네, 우리 아들, 딸 녀석들은 바빠서 이런 좋은 강좌에 참석하지 못하거든요. 그래서 내가 일단 먼저 듣고 우리 애들에게 재테크 이야기를 해주려고 합니다."

앞에서 말한 바와 같이 지금의 시대는 장기불황의 시대입니다. 이러한 시대에 살아남느냐 아니면 도태되느냐는 사회의 변화에 따른 것이 아니라 여러분의 준비성에 달려있습니다. 따라서 우리는 준비된 부자가 되어야 합니다. 준비된 부자가 되기 위해서는 지금부터 돈 공부를 열심히 하셔야 합니다. 무엇을 어떻게 돈 공부를 해야 할 줄 모른다고 말씀하시겠지만, 어떻게 투자할지를 모른다고 말씀하시겠지만, 우리는 항상 무엇이든지 해보지도 않고 안 되는 이유와 못하는 이유를 나열할 뿐입니다. 돈 공부는 '이렇게 준비해라. 저렇게 준비해라'가 아니라, 생활 속에서 무조건 해야 합니다.

돈 이야기가 나오면 귀를 쫑긋 세우시고 들으시고, 유튜브 방송이든 블로그 등 돈에 관련된 이야기를 많이 듣고, 보고 느끼시길 바랍니다. 지금부터 돈 공부를 하셔야 평생을 돈 걱정이 없이 살 수가 있기 때문입니다. 지금 먹고 살기 위한 하나의 방책이 아니라, 앞으로 30년, 40년을 먹고 살 방책을 마련하기 위함입니다.

무엇을 어떻게 돈 공부를 해야 할 줄 모른다고 말씀하시겠지만, 어떻게 투자할지를 모른다고 말씀하시겠지만, 우리는 항상 무엇이든지 해보지도 않고 안 되는 이유와 못 하는 이유를 나열할 뿐입니다. 돈 공부는 '이렇게 준비해라. 저렇게 준비해라'가 아니라, 생활 속에서 무조건 해야 합니다.

CHAPTER 4
그렇다면 돈은
어디서 오는 걸까요?

돈이 없는 게 문제가 아니다.
비전이 없는 게 문제다.
- 샘 월튼

"교수님, 돈은 어디에서 오는 것입니까?"

이런 질문에 대해 다음의 에피소드를 들려드리겠습니다. 매년 5월 15일
은 스승의 날입니다. 스승의 날이라고 생각하면 저는 '공자천주孔子穿珠'라
는 단어가 생각납니다. 간략히 이야기하면 다음과 같습니다.

'예쁜 구슬 안에 9굽이나 되는 작은 길들이 구슬 속에 휘어져 있다'는 얘
기 있죠? 그래서 구슬 한쪽 끝에서 한쪽 끝까지 실을 꿰매기가 굉장히 힘
들겠죠. 공자는 끝과 끝을 잇는 방법, 이 부분에 대해서 생각을 아무리 해
도 답을 찾을 수가 없었답니다. 그래서 공자님은 '바느질을 하는 아낙네에
게 물어봐야겠구나' 하고 생각하고 뽕밭에서 뽕잎을 따는 아낙네에게 "이
구슬에 실을 엮는 방법이 무엇이겠는가?"라고 물어봤다고 하네요. 그때

아낙네는 꿀을 생각하라는 말을 했다고 합니다. 즉, 구슬 한 쪽 구멍에 꿀을 바르고요, 반대편에는 개미허리에 실을 묶어 지나가게 하라는 말이었어요. 그때 공자는 그 아낙네의 답을 듣고 '옳거니!' 하고 무릎을 쳤다고 합니다. 이는 공자님처럼 학식이 아무리 높은 분도 아랫사람에게 배울 점이 있다는 말이죠. 그리고 본인이 아무리 많이 알고 있다 하더라도 그 본인이 알고 있는 지식과 지혜는 결국 세상 만물의 이치에 비하면 결코 대단하지 않다는 것을 스스로가 깨닫는 시기가 있다는 겁니다.

그런데 이런 세상 만물 이치에 비해서 내가 알고 있는 지식과 지혜가 그다지 크지 않다는 것을 부정하고, 본인이 세상 만물 이치보다 더 많이 안다라고, 내가 또 굉장히 많이 안다고 접근해 갈 때, 가장 불행한 사람이 되고 맙니다. 남들한테 평을 좋게 받으려고 노력하는 사람들, 또 열심히 하는 것은 당연한 것이구요. 하지만 이 열심히 한다는 게 본인이 본인을 위해서 열심히 하는 게 아니라 다른 사람들한테 인정받기 위해 열심히 한다는 것은 어떻게 보면 불행이잖아요. 자기의 일에 대해 자기가 열심히 일하고, 남들이 알아주든 안 알아주든 열심히 일을 하고 그 속에서 만족을 느껴야 하는데, 그러지 못한 상황도 종종 있을 수가 있겠죠. 그런 사람들은 마음속의 평화가 깊게 자리 잡기가 좀 힘들지 않을까요?

저도 많은 분들에게 배우고 있습니다. 사무실을 관리하시는 분들에게도, 때때로 전기나 때때로 설비나 이런 부분에 대해서 배우고 있고요. 또 아파트 경비 일 하시는 분들, 얼마나 열심히 하세요? 일하시다가 간혹 가

다가 얘기를 주고받는 과정도 있죠. 그러면 경비 일하시는 분들의 나이가 보통 60대 후반부터 70대 분들이지 않습니까? 그분들하고 얘기하다 보면 정말 인생의 여러 가지 지혜를 느낄 수 있습니다. 또 어떻게 보면 그런 분들이 저보다 나이가 많다는 것은, 여러 인생의 경험들이 쌓이고 쌓여서 '이런 좋은 말씀을 해주시지 않나' 하고 생각이 듭니다. 저 또한 배우는 과정에 있습니다. 또한 한여름에 막노동하시는 많은 분들. 얼마나 덥고, 스트레스받겠어요. 그런데도 묵묵히 자기 일을 열심히 하는 분들에게서, 저는 일에 대한 소중함을 배우기도 합니다. 따라서 스승의 날은 꼭 '스승님의 가르침에 대한 감사한 날이다.'라고 생각할 것이 아니라, 그 스승님의 대상인 학교의 선생님뿐만 아니라, 인생살이의 모든 스승님으로 생각했으면 좋겠어요.

제가 첫 직장을 다닐 그 당시에 아무것도 모르는 저에게 직책 업무를 알려주셨던 다른 사무실의 사무장으로 근무하셨던 분이 계셨는데 제가 그러한 가르침에 대한 감사함으로 스승님으로 모셨습니다.

매년 5월 15일, 스승의 날만 되면 항상 카네이션과 선물을 준비해가서 드렸어요. 그리고 그쪽 사무실에 들어가면 이제 스승님께서 "어 왔어."라고 하실 때, "네. 오늘은 스승의 날입니다. 스승님."라고 하면서 카네이션을 드리면서 양주나 케이크나 선물을 준비해서 책상에 딱 올려놔요. 그때 스승님 얼굴 표정과 하신 말씀까지 생각이 납니다.

"하하하, 이봐라 사람들아, 내가 스승이라고 꽃다발과 선물까지 받는다.

대학 문턱도 안 가본 내가 사회의 스승이 되었네? 하하하."

또한, 제가 사회 초년생일 때 저를 도와주신 거래처의 많은 사장님들도 계셨겠죠. 그러한 사장님들께도 스승의 날에는 카네이션과 케이크 등을 선물해 드렸습니다. 스승의 날, 선물을 받은 우리 거래처의 사장님들, 그 사장님들의 표정 또한 아직도 지금도 눈앞에 선합니다. 그분들 중에는 아직도 연락을 하고 지내는 이들이 있습니다. "형님 잘 계십니까?"라고 하고, "나 지금 은퇴를 해가지고 주말 농장을 하고 있어." '형님 잘 계십니까' 하면 "어, 나 아직도 어디어디 있어. 그리고 너희 형수가 아파가지고 내가 한동안 좀 고생이 많았다." 뭐 이렇게 얘기를 또 주고받습니다. "시간 내서 1박 2일로 와라. 나 이제 농장도 하니까, 이제 잠자리도 있고 와서 여기서 밖에서 고기도 좀 구워 먹고." 그런 분들이 아직도 계세요.

그런데요, 제가 그 분들한테 스승의 날이라고 깍듯이 모신, 그분들이요. 그 당시 IMF가 되었든 외환위기 되었든, 어렵고 힘들 때 마다 저에게 든든한 힘이 되어주시더군요. 일거리가 없을 경우에는 일거리를 만들어서 저 돈 벌라고 일을 주시더라고요. 또한 다른 거래처도 알아서 소개를 해주시고….

지금 와서 생각해보니까 그 모든 분이 감사하고 고마울 따름입니다. 아마 제가 오늘 이 자리에까지 오른 것은 저의 능력이 아니라 수많은 사람들이 저에게 보내주신 신뢰와 성의와 감사함 덕분입니다. 또한 〈유튜브 배종찬 교수의 맛있는 돈 이야기 https://www.youtube.com/channel/UCqlxpbr47Ga4MLiu6fhlHrQ 〉

방송을 보고 듣고 시청해주시고 저를 응원해주시는 분들 덕분에, 오늘의 제가 있지 않나라고 한번 생각해봅니다.

이처럼요, 사업이라는 것도, 돈이라는 것도, 성공이라는 것도 결국 마음과 마음이 이어지는 과정인 것 같습니다. 이러한 과정을 잘하는 사람은 돈이 들어오고, 이러한 과정을 못 하는 사람은 돈이 안 들어오는 것이지요. 주변 사람들을 살펴보면 "거래처 사람들을 만나면 괜히 주눅 들고 가까이 다가가기가 힘들다."라고 말씀하시는 분들도 많이 계십니다.

이처럼 힘들게 생각되는 원인은 성격적인 부분도 어느 정도 원인이 될 수 있겠죠. 또 어떻게 보면 '일이란, 사람과 사람 관계가 가장 중요한 근본이 되어야 함에도 불구하고, 오직 일로 인하여 사람을 사귄다'라고 생각한다면, 결국 일도 어렵게 되고, 인간 관계도 어렵게 되지 않겠습니까? 그렇지 않나요? 일을 일이지만은, 먼저 인간 관계입니다. 형님, 누님 이런 식으로. 또 저희 스승님에게 스승의 날에 케이크라도 갖다 드리고 그렇게 기뻐하시고 그렇게 좋아하시는 모습이 전 좋습니다. 그건 꼭 일 때문에 인간 관계가 형성된 게 아니라, 사람과 사람 관계 때문에 일이 자연스럽게 딸려오지 않았나라고 생각합니다.

이제 일 관계를 떠나서 구슬 한 쪽 끝에 인간 관계라는 꿀을 발라보시기 바랍니다. 그리고 노력의 개미허리에 당신의 실을 매달아 구슬 속에 넣어보시기 바랍니다. 그 결과는 공자님처럼 '아하'! 하면서 웃음으로 다가올 것입니다. 돈은 어디에서 오느냐? 전 이렇게 간단하게 말씀드리겠

습니다. '돈은 사람에게서 온다.'라고요. 먼저 사람에 대한 신뢰를 가지시

길 바랍니다.

사업이라는 것도, 돈이라는 것도, 성공이라는
것도 결국 마음과 마음이 이어지는 과정인 것
같습니다. 이러한 과정을 잘하는 사람은 돈이
들어오고, 이러한 과정을 못 하는 사람은 돈
이 안 들어오는 것이지요.

CHAPTER 5

돈 번 부자들과 돈 못 번 사람들의 세 가지 생각 차이

내일은 없다고 생각하고 오늘을 살아라.
오늘이 내일이다.
- 앤드류 카네기

저는 수많은 사람들을 만납니다. 그러면 가난한 사람들이 왜 가난할 수밖에 없고, 부자들은 또 왜 부자일 수밖에 없는지에 대하여 알 수가 있습니다. 그래서 지금부터는 부자와 가난한 사람의 생각의 차이에 대해서 얘기를 해보겠습니다.

첫 번째는 운명에 대한 생각 차이입니다. 먼저 가난한 사람들은 운명을 믿습니다. 하지만 부자들은 운명을 안 믿습니다. 그리고 가난한 사람들은 운명을 타고났다고 생각합니다. 그런데 부자들은 '운명은 타고나는 것이 아니라 내 하기 나름이다.'라고 생각합니다. 여러분 주변에도 부자인 분들이 있고 또 가난한 분들도 있잖아요. 그분들을 만나고 보면 차이를 느끼실

수 있죠. 그 차이 중에서 가장 핵심은 '가난한 사람들은 운명에 대해서 너무 믿는다.'는 것입니다. 운명을 너무 믿다보니까 조금만 안 되면, 부모님 탓하고 조상님을 탓해요. 아니 조상들이 무슨 죄가 있나요, 지금 무덤에 가 있는 분들인데. 그분들이 무엇을 잘못하셨기에, 당신 사업이 안 되고, 당신 일하는 게 안 된다고 그 분들 탓을 하냐고요. 그렇지 않나요?

그러다 보니까 제일 먼저 탓하는 건 신이더라고요. 하나님이 어떻고, 부처님이 어떻고, 알라신이 어떻고. 그다음에 조상님 탓. 그다음에 부모님 탓. 그다음에 아내 탓, 남편 탓. 그 다음에 형제, 자매 탓. 심지어 본인들의 자식들 탓. 그다음에 친구들 탓. 이제 탓 탓 탓하다가 정 탓이 없어. 그러면 에잇, 운명 탓을 하게 되죠.

그리고 새해가 되면 용한 점쟁이한테 가는 겁니다. 한 해 운수가 궁금하다고 말입니다. 복채라고 내는 5만 원, 10만 원은 안 아까워하지만 재테크 강의의 수강료가 3만 원, 5만 원, 10만 원이라고 하면 이런 비용은 굉장히 아까워합니다. 어떤 용한 점쟁이 집은 지방인데요. 서울에서 지방까지 내려갑니다. 차를 가지고 가죠. 그리고 번호표를 뽑고 기다리기까지 합니다. 어떻게 보면 시간 낭비예요. 아무리 점을 잘 보고, 잘 치는 용한 점쟁이라고 하더라도, 그 점쟁이가 '당신이 아무리 좋은 운명을 타고났다.'라고 얘기해도 중요한 것은 여러분이 열심히 일하지 않는 이상, 열심히 노력하지 않는 이상, 돈과 성공이 여러분에게 안 온다는 말입니다. 그렇지 않나요. 아무리 사주팔자가 왕으로 태어났다, 귀족으로 태어났다 하더라도 현재

일을 하지 않으면 차후에 거지 인생밖에 안 될 것입니다.

그래서 부자들 같은 경우는 운명을 믿지 않습니다. 왜냐하면 자기하기 나름이니까요. 내가 열심히 일을 해가지고 나는 돈을 가졌어. 내가 열심히 일을 해가지고 돈을 벌었고, 그래서 현재 내 자리에 왔어. 운명? 그런 거 없어. 그런 게 왜 있어. 이렇게 당당하게 말을 하는 것이지요. 결국 성공이란 자기 하기 나름이란 거죠.

따라서 부자들은 운명에 대해서 굉장히 긍정적인 마인드를 가지고 있습니다. 그런데 가난한 사람들은 이 운명에 대해서 부정적이라는 거죠. 그러니까 내가 사업을 하든 뭘 하든 안 될 수도 있다고 미리 생각합니다. 안 될 수도 있겠지요. 근데 진짜 안 되면 '역시나 안됐네.'라고 생각합니다. 그게 다 조상님 탓이라는 겁니다. 그런데 부자들은 안 될 확률을 믿지 않습니다. 무조건 부자들은 잘될 확률부터 생각합니다. 그러니까 잘되는 겁니다. 안될 이유를 설명할 필요도 없고, 안 되는 이유가 없다고 생각합니다. 굉장히 긍정적인 에너지를 가지고 있다는 것입니다.

두 번째는 돈에 대한 생각의 차이입니다. 가난한 사람들의 특징을 보면 돈을 원수로 여깁니다. '돈이 원수다, 돈이 원수다.' 이런 말을 달고 삽니다. 돈이 원수라는 부모님 밑에서 자라난 자녀들은 자연스럽게 성인이 되면 부모하고 똑같은 말을 합니다. 돈이 원수다, 돈이 원수다. 가난이 대물림 된다는 얘기죠. 무서운 얘기에요. 그런데 부자들을 보면요 돈이 원수가 아니에요. 돈은 '나랑 같이 즐기는, 또 나랑 같이 행복을 추구하는 동반자이자 친구'라고 생각합니다. 이런 점에서 차이가 나는 것입니다.

물론 가난한 분 입장에서 이렇게 말씀하실 수가 있죠. "내가 돈이 없기 때문에 돈이 원수라는 겁니다. 내가 돈 많이 있으면 나도 돈하고 친구가 되고 싶지, 원수가 되고 싶은 사람이 어디에 있겠습니까? 그런데 현실은 돈이 자꾸 도망을 가요." 이렇게 말씀하시는 것도 한편으로는 이해가 됩니다. 하지만 돈이 있든 없든 항상 어떤 마음을 가져야 한다고요? '돈은 친구다. 돈은 나 하기 나름이다.' 이런 마인드를 가져야 합니다.

그래서 가난한 사람들은 돈이 원수면서 친구로 생각하지도 않으면서 적은 돈에 대해서는 소홀하죠. 적은 돈에 대해서는 낭비를 합니다. 친구들하고 먹는 밥값도 낭비하고 저녁에 만나 술 한 잔을 하면 서로 술값을 내려고 하죠. 또 이왕이면 커피숍에 가서 4,5천 원짜리 커피도 마셔야 합니다. 또 공돈을 좋아해서 누군가가 그냥 돈을 주면 엄청나게 좋아합니다. 그런데 세상에 조건 없는 돈이 어디 있어요. 그래서 부자들 같은 경우는 적은 돈도 소중하게 생각하고, 누군가가 공돈을 줘도 일단 조심하는 거예요. '이 공돈이 나에게 피해를 주지 않을까?' 하고 말입니다. 그렇지 않습니까. 이런 것까지 세심하게 생각해야 합니다.

세 번째는 가정에 대한 생각 차이입니다. 가난한 사람들은 돈이 부족하니까 '돈이 원수다 돈이 원수다. 그러면 다 원수야. 돈이 원수면 아내하고도 원수고 자녀들하고도 원수고. 좀 잘 되도 지금 잘되는 거는 나중에 안 될 수도 있어.' 이렇게 부정적으로 생각합니다. 그리고 자기가 현재 불행한 이유는 하나밖에 없어요. '내가 돈이 많지 않기 때문에 불행하다.'라고 여깁니다. '돈은 바로 행복이다.'라고 단순하게 생각합니다.

그런데 부자들은 돈은 수많은 행복 중 돈이 있음으로써 행복할 수 있는 건 하나의 조건이라고 여깁니다. '돈 자체가 행복이라고 생각하지 않고 돈은 여러 가지 행복 중 한 가지다.'라고 말입니다.

우리가 돈만 많다고 행복한 것은 아니잖아요. 돈이 100억 원이 있어. 그런데 나는 말기 암환자야. 현재 중환자실에 인공호흡을 하고 있어. 그러면 100억 원이 의미가 없잖아요. 있으나 마나죠. 그래서 행복이라는 것은 수많은 열매덩어리가 뭉쳐져서 하나의 행복 나무가 만들어지는 거잖아요. 그 행복나무 속에 돈이란 것은 하나의 열매밖에 안 된다는 거죠. 부자들의 특징을 보면, 가정의 행복을 위해서 여러 가지 다양한 조건을 충족하기 위해서 열매를 맺기 위해서 노력한다는 것입니다.

현존하는 최고의 경영사상가이며《성공하는 기업들의 여덟 가지 습관》의 공저자 짐 콜린스Jim Collins는 성공의 정의에서 이렇게 말합니다.

"사랑받고 싶은 사람들에게서 사랑을 받을 수 있는 것. 그게 성공입니다."

그만큼 돈이 전부는 아니지요. 하지만 어떻게 보면 최소한 가족들에게 사랑받을 수 있을 정도의 부는 기본적으로 축적해야 한다는 말이 아닐까요?

그리고 또 하나, 부자들은 현실에 대해서 항상 자녀들하고 얘기를 한다는 특징이 있습니다. '아버지가 이렇게 저렇게 해서 돈을 모았단다. 너희들도 이런 식으로 하면 돈을 모을 수 있어. 그리고 네가 한 달 용돈이 얼마인데 아빠가 보기에는 돈을 이렇게 사용하는 습관을 지니면 나중에 돈이 이렇게 불어날 거야.' 이런 가르침이 있습니다. 돈이 얼마나 소중한 가에 대해서, 또 우리 집안의 경제적 실정에 관해서 말합니다. 더불어 우리 집안이 이러이러한데 앞으로 우리 집안이 나아가기 위해서 이러이러해야 하지 않을까 하는 교육을 한다는 것입니다. 어떻게 보면 돈에 관한 현실을 명확히 알려줍니다.

그런데 가난한 집안의 특징을 보면 그런 돈에 관한 교육이 없어요. 왜 없냐라고 하면, 교육할 돈이 없다는 거죠. 돈이 없기 때문에 교육도 없다고 합니다. 그러니 더더욱 발전이 없습니다. 또 한편으로는 자녀들에게 현재 우리 집안이 가난하다는 걸 숨기고 싶은 것이지요. 숨기면서 우리 집은 어느 정도로 산다고 거짓말을 하는 거죠. 근데 혹시 지금 현실에 대하여, 어려운 실정에 대해서 얘기를 하면 아이들이 충격받지 않을까봐 두려워합니다.

그런데 아이들은 집안의 형편을 부모님이 말을 안 해 주어도 먼저 알고 있습니다. 그러므로 솔직하게 먼저 알려주고 '우리 집 실정이 현재는 이러이러한데 앞으로는 이러이러하도록 우리가 변화해보자.' 이렇게 하는 것이 교육인거죠. 그러면 아이들이 '우리 집안이 이렇게 됐으니까 이제 나도 내 인생을 내가 열심히 살아야 되겠다. 그래서 공부 열심히 해서 내 진로를 스스로 찾아야겠다.'라고 생각하게 됩니다. 오히려 현실을 정확히 아는 아이들일수록 성공가능성이 더 높아지지는 않을까요?

결론적으로 '가난한 사람들은 부정적인 마인드를 가지고 있고, 적은 돈을 소홀히 하면서 돈이 원수다.'라고 생각하고 자녀들에게 돈에 관한 교육을 안 하기 때문에 불행하고 가난합니다. 부자는 돈에 관해서 긍정적이에요. 성공에 대해서 긍정적이고, 그리고 작은 것에 관해서도 아껴 쓰고, 그러면서 돈보다는 가정의 행복을 더 추구합니다. 그래서 가난도 대물림이 되고, 부자도 대물림이 되는 빈익빈 부익부 현상이 이어지는 거죠. 따라서 돈을 많이 모으고 싶고, 부자가 되고 싶다면 우선 돈에 대한 긍정적인 마인드부터 가져야 합니다.

CHAPTER 6

돈 벌고 싶다면 이것에 미쳐야 합니다

스스로 존경하면 다른 사람도 그대를 존경할 것이니라.
- 공자

'날고 싶은 꿈.' 이는 누구나 한 번쯤은 가지고 있었던 꿈이죠? 하지만 나이가 들어가면서 점차 이런 꿈은 잊게 됩니다. 그리고 단지 하루하루를 열심히 살아가면서 자족합니다. 하지만 '이게 다는 아니지'라는 생각도 가끔은 합니다. 또한 재테크에 관련하여 여기 저기 집중해 보기도 합니다. '혹시 큰 돈 벌 수 있는 특별한 것이 있나' 싶어서 말입니다. 그리고 재테크 공부나 투자 공부를 하면 할수록 알게 됩니다. '이 세상에 돈 버는 특별한 기술은 없다.'라는 사실을 말입니다. 여러분, 큰돈 벌고 싶으시죠? 맞아요. 누구나 큰돈을 벌고 싶어 합니다. 이 세상에 돈 벌고 싶지 않은 사람이 어디 있겠습니까?

그렇다면 큰돈을 벌고 싶을 때 제일 중요한 것은 무엇일까요? 먼저 자기 자신을 사랑하는 마음, 자기애부터 가지시기 바랍니다. 어떻게 보면 자기에게 미치셔야 해요. 미친 듯이 자기를 사랑하는 것, 이것처럼 행복한 게 또 어디 있겠어요. 그렇지 않나요?

부자와 가난한 사람의 근본적인 차이가 있어요. 그 차이는 바로 자기애입니다. 부자들은 자기를 사랑할 줄 압니다. 또 자기를 소중하게 아낄 줄 압니다. 그리하여 자신의 삶을 풍요롭고 알차게 살아가기 위해서 노력합니다. 하지만 가난한 사람들은 자기를 사랑할 줄 모르는 듯합니다. "세상에 자기를 사랑할 줄 모르는 사람이 어디 있겠어요. 다만 자기를 사랑할 줄 알지만 그럴 여유가 없어서 그러지 못하는 것 아니겠습니까?"라고 반문할 수도 있겠지요.

하지만 부자들은 어떠한 어려움 속에서도 자신을 사랑할 줄 아는 마음을 가지고 있다는 특징이 있습니다. 그리고 자신을 아낄 줄 알고 소중하게 다루고자 하는 그런 마음이 있습니다. 그래서 어렵고 힘든 시기에도 더 망가지지 않으려고, 더 술을 먹지 않으려고 노력하였고, 더 건강하기 위해서 운동하였고, 성공하기 위해서 더 노력합니다. 조금이나마 돈을 좀 더 모으려고 했고 엉뚱한 곳에 돈을 안 쓰려고 노력했습니다. 그러한 과정으로 결국 부자가 된 것이지요. 이렇게 노력하는 이유는 바로 자기애가 있기 때문입니다.

자기를 사랑하지 않는 사람은 결코 남을 사랑할 수가 없어요. 또한 자기를 사랑하지 않는 사람은 결코 가정을 사랑할 수도 없다는 거죠. 가정을 사랑할 수 없다는 것은 결국 행복할 수가 없다는 얘기죠. 그리고 자기를 사랑하지 않는 사람은 결국 돈도 사랑할 수 없습니다. 따라서 여러분도 성공하고 싶다면 돈을 벌고 싶다면 우선 자기애부터 먼저 가지시길 바랍니다.

싫든 좋든 활짝 웃어보세요. 웃을 일이 없다면 억지라도 웃으세요. 자기 자신을 사랑하는 마음은 웃어야 생깁니다. 돈을 벌기 위해서, 또 부자가 되기 위해서 제일 중요한 것은 자기애입니다. 그러니 자기애부터 가지시라는 거예요. 잃어버린 자신을 찾는 것, 이처럼 세상에 기쁜 일이 어디 있겠어요. 또 자기가 외면했던 그 본인의 그 모습을 다시 되찾으려고 노력하는 것만큼 이 세상에 소중한 게 어디 있겠습니까.

저도 힘든 시절이 있었죠. 당시 거울 속에 있는 내 모습을 보고 깜짝 놀랐어요. '아니 내 모습이 왜 이렇게 많이 바뀌었지?' 하고요. 그런 생각을 하기도 많이 하였죠. 그리고 거울에 비친 저의 얼굴을 보기 싫어서 계속 제 모습을 외면한 적도 있었죠. 하지만 그때 한 가지 느낀 것이 있습니다. 바로 '나도 나 자신을 이렇게 외면하는데, 이 세상에 누가 나를 사랑해줄까? 안쓰러운 나를 나부터 먼저 사랑해주자.' 이런 생각을 하게 되었습니다. 이러한 자기애가 현재 오늘의 저를 있게 하지 않았나 생각합니다.

성공한 사람들, 큰돈을 번 이들은 자기를 사랑할 줄 압니다. 이런 자기애가 없이 성공할 수도 있어요. 또한 돈을 벌 수도 있겠죠. 하지만 자기애가 없는 성공, 자기애가 없는 돈은 그리 오래갈 수가 없어요. 제가 수많은 사람들을 만나봐서 아는데요. 어떤 사람들은 부동산을 통해서 돈을 많이 벌었어요. 또 사업과 장사를 통해서 돈을 많이 벌었어요. 그런데요. 자기 애가 없이 그냥 더 큰 돈, 더 많은 돈을 추구하다가 결국에는 불행해지고 망한 사람들을 많이 봤습니다. 그런데 어떤 이들은 부동산을 통해서 돈을 많이 벌었지만 항상 감사하고 기뻐할 줄 아는 그런 사람들이 있었다는 거죠. 이 차이는 바로 자기애가 있고 없고의 차이입니다.

자기애 없이 돈맛을 알면 돈만 사랑하게 돼요. 그리고 그러한 돈이 자기를 갉아먹게 만드는 거죠. 나중에는 돈에 의하여 자기가 망가지게 됩니다.

이 세상에는 여러분과 똑같은 사람은 한 사람도 없어요. 여러분이 전 세계 인구 중에 유일한 한명이라는 겁니다. 당신이 바로 76억 분의 1. 그렇게 소중한 사람입니다. 오늘 이 순간부터 자기 자신을 사랑하시기 바랍니다. 그것이 바로 큰돈을 벌기 이전에 자기에게 미쳐야지 돈도 온다는 얘기입니다. 그래야지 행복도 오고 당신이 풍요롭게 살아갈 수 있습니다.

PART 2

돈의 성향-
돈의 속성을 올바로 알고
공략하는 법

CHAPTER 1

돈, 적을수록 밖으로 나가고, 많을수록 안으로 들어옵니다

절약하지 않는 자는 고통 받게 될 것이니라.
- 공자

보통 사람들에게 왜 종잣돈이 필요할까요? 바로 돈이 돈을 벌기 때문입니다. 돈의 성향을 놓고 본다면, 돈은 없으면 없을수록 돈이 집 밖으로 나가고자 하는 성향이 있고, 돈이 있으면 있을수록 돈이 집 안쪽으로 들어오고자 하는 성향이 있습니다. 그래서 돈이 없으면 이래도 안 되고, 저래도 안 되고 돈도 안 모아집니다. 그리고 열심히 살아서 돈이 모아졌다 싶을 때 희한하게도 집안에 문제가 생기거나 본인이 해결하지 못하는 큰 문제에 봉착되어 열심히 모은 돈마저 나가게 됩니다. 그럼 '아, 나는 안 되는구나. 우리 집은 안 되는구나. 나는 돈 모으기 힘들구나.'라고 생각하게 되고 그 이후에는 미래를 위해 현재를 희생하기 보다는 '현재를 즐기자'는 욜로 YOLO : You Only Live Once 족이 되고 맙니다. 그리고 원룸, 투룸에 살면서 수입

차를 타고 다니고, 월급 200만 원을 받으면서 명품 가방을 들고 다니는 것입니다. 자기 돈이 있으면 일단 자기 돈 쓰고, 자기 돈이 없으면 신용으로 쓰고, 신용도 안 되면 카드로 쓰고, 카드도 안 되면 사채 빌려서 쓰고 나중에는 결국 빚쟁이가 되고 맙니다.

그런데 돈이 있으면, 돈을 더 모으기 위해서 돈을 더 아껴 쓰고자 합니다. 돈이 많으면 많을수록 오히려 돈을 더 아껴 쓰고 돈을 더 모으기 위해서 노력한다는 말입니다. 그리고 모아진 돈으로 다시 재투자를 해서 새로운 수익을 창출하는 거죠. 그래서 돈이 돈을 버는 것입니다. 이처럼 돈이 돈을 버는 선순환이 계속 이어지고 돈이 없으면 없을수록 돈이 나가는 악순환이 이어집니다. 그래서 돈 모으는 재미에 빠지면, 자연스럽게 소비는 줄어들고 수익은 늘어나게 됩니다.

따라서 현재 우리는 돈이 돈을 버는 사회에 살고 있으므로 반드시 먼저 종잣돈, 목돈을 모아야합니다. 그리고 목돈을 모았으면, 목적의식을 분명히 가져야 합니다. 여기서 목적의식이란 '돈을 모아서 외국 여행가겠다. 자동차를 사겠다.' 이런 생각이면 차라리 모을 필요가 없습니다. 우선 생산적인 목적의식을 구체화해야 합니다. 이는 다시 말해, '구체적이면서도 실행 가능한 목표의식'을 말합니다.

자동차를 사거나 국외 여행은 소비입니다. 이런 소비를 위해서 돈을 모으는 이들은 돈 모으기가 굉장히 힘듭니다. 그냥 놀고먹고 즐기고 그렇게 살아야 합니다. 그럼 중년 이후에 빚에 허덕이게 됩니다. 또 자기의 자녀들 또한 빚에 힘들어하는 모습을 가슴 아프게 쳐다보게 될 것입니다.

따라서 돈을 모으려는 목적은 반드시 생산적이어야 합니다. 종잣돈이 1천만 원이 됐든 2천만 원이 됐든 3천만 원이 됐든 일단 모아야 합니다. 그러면 이렇게 돈을 모으기 위해서는 어떻게 해야 되냐. '선저축 후지출'을 지키는 것입니다. 많이 버는 것이 중요하지 않습니다. 이는 절대 대원칙이에요. 얼마나 버는 가는 큰 의미가 없습니다. 한 달에 1천만 원 벌어서 한 달에 9백5십만 원 쓰는 건 의미가 없지요. 한 달에 50만 원 밖에 적금 못 합니다. 한 달에 200만 원 벌지만 내가 100만 원 쓰고 100만 원 적금한다면 결국 이 사람이 나중에는 돈을 더 크게 모을 수 있다는 것입니다.

이처럼 많이 버는 것도 중요하지만 더 중요한 것이 바로, 얼마나 안 쓰고 돈을 모으는 가입니다. 이것이 더 중요합니다. 미혼이라면 자기 월급의 70퍼센트, 또는 최소 60퍼센트 이상은 저축하셔야 합니다. 만약 기혼이라면 '50퍼센트 이상은 저축해야겠다.'는 목표의식을 가져야 합니다. 당신의 자녀를 위해서입니다.

'이래도 한평생 저래도 한평생, 그냥 바람처럼 왔다가 바람처럼 가렵니다.' 이렇게 살 생각이라면 그냥 즐기면서 사세요. 빚에 허덕이면서. 그런데 여러분에게는 소중한 자녀들이 있잖아요. 지금 미혼이라면 앞으로 자녀가 생길 수도 있잖아요. 그래서 돈을 모아야 되는 것입니다. 무조건 모아야 되죠. 따라서 앞으로는 월급을 받으면 '선 저축 후 지출.' 이 대 원칙만 지키시기 바랍니다.

그리고 '월급을 탔다. 또는 보너스를 탔다.' 그러면 소비하고자 하는 욕망이 꿈틀꿈틀 거릴 것입니다. 왜 돈을 쓰고 싶은 욕망이 올라올까요? 앞서 말씀드렸죠. 이 돈이라는 것이 돈이 없으면 없을수록 밖으로 쓰고 싶고, 돈이 많으면 많을수록 안 쓰고 싶은 성향을 가지고 있기 때문입니다. 그게 돈의 성향입니다. 없으면 없을수록 돈을 막 쓰고 싶죠. 그런데 돈 많은 이들한테 돈이 생겨도 그들은 느긋합니다. '또 돈이 왔구나. 이 돈을 가지고 새롭게 생산적인 목표를 갖고 생산적인 활동을 해야겠구나. 돈이 돈을 벌게 해야겠구나.' 이런 생각을 하니 얼마나 편안해요. 이처럼 갑자기 큰돈이 들어왔다 하더라도 함부로 돈을 안 쓰게 됩니다.

소비를 자세히 살펴보면 두 가지 형태가 있습니다. 고정적으로 나가는 고정비하고 갑자기 톡 튀어나가서 나가는 변동비가 있습니다. 고정비를 보면, 세금, 월세, 보험료, 가스, 전기세, 교통비, 식대, 전화요금, 학원비, 부모님 용돈 등입니다. 변동비는 갑자기 생기는 지출로 의료비, 책값, 외식비, 경조사비, 술값 등이지요. 특히 술값은 그냥 1차에서 간단히 먹을 생각인데, 소위 말하는 2차 내지 3차를 갔다면 남성분들 입장에서는 예상치 못한 소비가 발생됩니다. 이렇게 보니까 돈 나갈 곳이 너무나 많다는 것입니다. 수입은 한정되어 있는데 나갈 곳이 왜 이리도 많은지 참 걱정이죠. 당신의 마음은 충분히 이해가 됩니다.

15년 전인데요, 어떤 허름한 옷을 입은 한 아주머니가 23평 아파트를 산다고 했습니다. '이런 사람이 아파트를 매수한다고?' 이런 생각이 들 정도로 옷이 너무 허름했습니다. 그런데 부동산에서 이분이 하는 말이 더 충격이었습니다.

"싸게 해주세요. 저희는 돈 없어요. 비싸면 저희 못 사요. 무조건 싸게 해주세요, 깎아주세요." 무엇이든 깎아달라는 것입니다. 그런데 알고 보니까 이분이 소유한 집은 5채였습니다. 어느 정도로 돈을 아끼느냐면요, 집에선 완전 어두컴컴해졌을 때 그때 전기를 켠답니다. 겨울에도 함부로 보일러를 안 튼다는 거예요. 심지어 '아이가 나 공부 좀 하게 불 좀 켜자.'라고 해도 "아직은 괜찮아, 그냥 공부해." 이 정도라고 했습니다. 그렇게 지독하게 모아서 아파트를 다섯 채 샀다는 것입니다. 이분이 15년 전에 아파트가 다섯 채였는데, 지금은 아파트 몇 채나 더 있겠습니까.

이건 남 얘기가 아니라 제가 직접 겪은 경험입니다. 아무리 명품 옷을 입고, 명품 구두를 신고 그러면 뭐합니까? 집 한 채 없으면서 남의 집에서 월세를 내면서 살아간다면…. 옷이 좀 허름하고 구두가 좀 낡아도 어떻습니까? 내 집이 5채가 있고 돈을 소중히 다루는 내공이 있는데요.

이분도 처음에는 그냥 평범한 삶을 살았다고 합니다. 남편 월급으로 먹고 쓰고 놀러 다니고 그러다가 문득 '이렇게 살았다가는 전세로만 살겠다.' 싶어서 '이제부터는 악착같이 벌어서 무조건 내 집 마련을 하자.'라는 각오로 내 집 마련을 하였고, 집을 한 채 더 사니 '아, 이게 돈 버는 재미구나.'라는 생각이 들어서 돈을 더 모으게 되고, 모은 돈으로 아파트를 사서 모아서 그 당시 5채의 아파트를 소유하게 된 것이었습니다.

다시 말하지만 돈은 적으면 적을수록 밖으로 나가려고 하고 돈이 많으면 많을수록 안으로 들어오려 합니다. 이것이 돈의 성향입니다. 이처럼 돈이 들어오게 하기 위해서는 이를 깨닫고 돈을 모아야 합니다.

많이 버는 것도 중요하지만 더 중요한 것이 바로, 얼마큼 안 쓰고 돈을 모으는 가입니다. 이것이 더 중요합니다. 미혼이라면 자기 월급의 70퍼센트, 또는 최소 60퍼센트 이상은 저축하서야 합니다. 만약 기혼이라면 '50퍼센트 이상은 저축해야겠다.'는 목표의식을 가져야 합니다.

CHAPTER 2

돈의 법칙1 에너지의 법칙
돈은 긍정적인 신호를 보내는 사람에게만 긍정적으로 다가갑니다

우연이 아닌 선택이 운명을 결정한다.
- 진 니데치

〈보헤미안 랩소디〉 그리고 〈마약왕〉이라는 영화가 있습니다. 이 두 영화에 나오는 돈 이야기를 해볼까 합니다. 두 영화 속에 나오는 돈에 대한 공통점이 있습니다. 여기에는 돈에 대한 법칙 네 가지가 나옵니다. 이 네 가지 법칙을 제대로 알게 되면, 여러분이 왜 그동안 돈을 모으지 못하였는지에 대한 답을 찾을 수 있습니다.

영화의 두 주인공은 모두 서민 출신입니다. 좋은 집안에 태어나 음악적 재질이 뛰어난 것도 아니고, 또 좋은 집안에 태어나서 마약을 판 건 아닙니다. 둘 다 비슷하게 힘든 삶을 살았습니다. 일하지 않고는 돈을 벌지 못하는, 또 반드시 일을 해야 하는 삶을 살았다는 것입니다. 그리고 두 사람 다 돈에 대한 욕망이 강했습니다. 그러한 욕망을 지니고 '난 음악으로 대

중성을 높여 돈을 벌겠다. 유명해 지고 싶다.' '난 마약을 팔아서 돈을 벌겠다.'라는 돈에 대한 욕망이 컸습니다.

이 사람들의 공통점이 또 있죠. 그것은 바로 돈에 의해서 파멸된 것인데요. 한편의 영화에서는 세계적인 톱 가수가 되어 돈도 많이 벌었고, 또 다른 영화에서는 일본과 국내에서 불법으로 마약을 팔아서 돈을 많이 벌었습니다. 그러나 결국에는 둘 다 파멸되었죠. 그래서 돈과 명예와 명성이 행복과 같이 이어지는 삶이 아니라는 사실을 이 영화 속에 나오는 두 주인공의 삶을 통하여 깨닫게 됩니다. 그러면 왜? 이 사람들은 그토록 성공하고 싶었고, 돈을 많이 벌고 싶었는데 최종적으로는 파멸에 이르게 되었을까요? 저는 그 원인이 '돈에 대해 무지했기 때문'이라 생각합니다.

다시 말해 돈에 대해 잘 알지 못했기 때문입니다. 돈을 모른다는 거죠. 영화 속 두 주인공들이 돈을 제대로 알고 있었다면 파멸의 경지에 도달하지 않았을 것입니다. 저 또한 그랬습니다. 젊었을 때 많은 돈을 벌었어요. 다른 친구들에 비해서 크게 차이가 날 만큼 많은 돈을 벌었습니다. 하지만 그 당시에 제가 돈에 대해서는 굉장히 무지한 사람이었습니다.

이 돈의 법칙 네 가지를 전혀 생각하지 못했으니까요. 저는 영원히 나는 돈을 많이 벌 것이다.'라는 자만심이 있었습니다. 이 영화 속에 나오는 사람들도 마찬가지지 않습니까? '내가 영원히 이 인기가 유지될 것이다.' '나는 마약을 영원히 팔 수 있을 것이다.' '나는 평생 돈을 많이 벌 것이다.'라는 오만과 돈에 대한 무지에 빠져 있었던 것입니다.

그래서 돈이 갑자기 왔을 때, 또는 로또 복권처럼 큰돈이 들어왔을 때 관리를 못 하고 흥청망청 쓰기만 하고 돈 자랑만 하다가 가족과 돈과 건강과 신뢰까지 잃고 망하게 됩니다. 이는 돈이 가진 네 가지 법칙을 잘 몰랐기 때문입니다. 그렇다면 구체적으로 돈의 법칙을 알아보도록 하겠습니다.

첫 번째는 에너지의 법칙입니다. 긍정의 에너지를 주면 긍정이 당신한테 다가옵니다. 그런데 부정의 에너지를 주면 부정이 당신에게 다가와요. 돈도 그렇습니다. 당신이 돈을 좋아하면 돈도 '당신이 좋아요.' 하고 다가와요. 근데 당신이 돈을 멀리하고 돈을 싫어하면 이 돈도 묘하게 당신을 싫어하고 당신을 멀리합니다. 그리고 더 나아가서 이 돈은 당신을 원수까지 만들어버립니다. 저는 숱하게 많이 봤어요. 가난하고 어렵고 힘든 사람들이 하는 말입니다. 바로 '돈이 원수다.'라는 표현을 쓰지요? 그 말 속에는 응축된 한과 고통과 아픔 등이 서려 있습니다. 비슷한 말로 '죽지 못해 산다.'라는 표현도 있지요. 너무 고통스럽고 안타까운 그런 느낌이 드는 말입니다.

그런데 돈을 예뻐하고 돈을 아끼고 또 돈을 소중하게 대하고, 돈을 너무너무 관리 잘하고 그러면 이 돈이란 놈도 나에게 '당신은 예뻐요. 당신은 나를 사랑하니까 나도 당신을 사랑할게요. 그리고 당신은 저를 아끼고 소중하게 대하니까 저도 당신에게 지금보다 더 많은 돈을 줄게요. 저도 당신을 소중하게 대하겠습니다.'라고 다가오게 됩니다. 그리고 적은 돈을 아끼면 큰돈을 갖다 줘요. 적은 돈을 헤프게 쓰고 적은 돈에 대해서 신경을 안 쓰면 돈이 금방 떠나가 버립니다. 그리고 땀 흘린 돈은 나에게 오래 남아 있고요, 땀 흘리지 않는 돈은 나에게서 금방 떠나가고 맙니다. 본인이 열심히 노력한 대가로 벌은 돈은 오래가고, 나의 주변에 항상 머물고 또 더 큰 돈을 줍니다. 하지만 땀 흘리지 않고 번 돈이나 다른 사람에게 피해를 입히고 번 돈, 사기 쳐서 번 돈은 일시적으로 많은 돈을 벌수는 있겠지만 결국 어느 순간 때가 되면 돈이 싹 사라지고 맙니다.

더 중요한 것은 일하지 않고 번 돈은 허황된 꿈을 가지게 되요. '또 다시 그런 때가 오겠지.'라고 말입니다. 근데 '일을 열심히 하고 번 돈은 본인이 일을 하지 않으면 돈이 안 들어온다.'라고 알고 있어요. 따라서 일을 할 수밖에 없어요. 그런데 허황되게 들어온 돈은 혹시라도 '이 돈이 다시 들어오겠지.'라고 생각합니다. 그 순간 그 돈은 다시 돌아오지 않는다는 겁니다. 그리고 부자를 미워하거나 가진 자를 미워해서는 절대 부자가 되지 못합니다. 결국 돈에는 에너지의 법칙이 숨어있다는 얘기입니다. 즉, 돈에 대해서 긍정적으로 생각하셔야지 돈에 관해서 부정적으로 생각하시면 절대 돈이 다가오지 않는다는 겁니다. 부자들이 불법을 저질렀거나 탈세를 해가지고, 온당하지 못하게 돈을 벌었다고 오해하지 않길 바랍니다. 물론 언론을 통하여 종종 이렇게 불법적으로 돈을 번 사람들 이야기가 나오기는 하지만 그것은 언론에 나오는 기사일 뿐이고요, 제가 만난 대부분의 부자들은 열심히 일하고 바르게 돈을 버시는 분들이십니다. 또한 절약 정신이 투철하신 분들이었습니다.

〈보헤미안 랩소디〉에서 주인공의 아버지는 이렇게 얘기를 합니다. "좋은 말, 좋은 생각, 좋은 행동을 해."라고 하죠. 그런데 머큐리는 아버지에게 "좋은 말, 좋은 생각, 좋은 행동을 해서 아버지가 행복하십니까?"라고 오히려 물어봅니다. 그리고 그는 그렇게 얘기합니다. "내가 누군지는 내가 결정해." 이는 아주 중요한 말이죠.

머큐리는 또 이렇게 얘기를 합니다. "난 스타가 되지 않을 것이다. 난 전설이 될 것이다." 이건 에너지입니다. 나는 스타가 안 된다. 난 단지 '나이고, 그리고 나의 운명은 내가 개척하기 나름이고 나는 당신들이 원하는 스타보다 더 월등한 나는 전설이 되고 싶어.' 이러한 생각이 바로 에너지입니다. 특히 긍정적인 에너지이죠. 이러한 긍정의 에너지가 바로 뭘 만드느냐 하면, 스타가 아닌 전설을 만든 것입니다.

영화 〈마약왕〉에도 이런 부분이 나옵니다. 주인공이 이런 말을 하죠. "애국이 뭐 별게 아니다. 일본에 뽕팔면 애국 아이가." 이렇게 말하면서 돈을 법니다. 어떻게 보면 이것도 에너지의 법칙이죠. '내가 뽕을 팔아서 돈을 많이 벌겠다. 수출을 해서 이익을 내면 이게 뭐 애국 아이가.' 물론 잘못된 생각이죠. 하지만 이 속에는 뭐가 있다? 네, 바로 돈에 대한 욕심이 있지요. 또 이 속에는 내가 뭘 하든지 돈만 많이 버는 거 아니냐. 잘못된 생각이죠. 잘못된 시각, 분명 잘못된 생각을 가지고 있었던 것이죠. 하지만 돈이란 걸 놓고 보면 돈은 자기를 원하는 사람에게 더 다가갑니다. 돈은 나에게 긍정적인 신호를 보내는 사람에게 긍정적으로 다가간다는 것을 알 수 있습니다.

다만 머큐리 같은 경우에는 돈을 관리하는 방법을 몰라서 돈이 나가게 된 것이고, 〈마약왕〉의 송강호 같은 경우에는 돈만 추구하고 돈만 사랑하는 남자가 되어서 결국 파국에 이르게 됩니다. 따라서 현명하고 지혜로운 백만장자, 천만장자가 되기 위해서는 돈만 아는 부자가 될 것이 아니라, 돈을 벌면서도 자신의 인생을 바르게 살기 위해서 노력하고 주변 사람들에게 믿음과 신뢰를 주며, 부를 어려운 이웃과 나누면서 살아가야 합니다. 그래야 지속 가능한 부를 유지할 가능성이 높겠지요.

《성경》에는 '돈을 사랑하는 것은 악의 뿌리'라고 합니다. 하지만 전 이렇게 말씀드리고 싶습니다. 돈은 벌고 안 벌고의 문제이지 돈이 사랑의 대상이 될 수가 없습니다. 돈을 사랑한다는 것은 결국 자기 자신을 버리게 되는 것입니다. 저는 '돈을 벌라.'고 말씀드리겠습니다. 결코 돈만을 사랑한다면 결국 돈의 노예가 되고 말 것입니다. 돈의 노예는 파멸밖에는 없습니다.

CHAPTER 3

돈의 법칙2 제곱의 법칙
돈이 들어올 때는 갑자기 물밀 듯이 들어옵니다

'뜻을 세운다'는 것은 목표를 선택하고, 그 목표에 도달할 행동과정을 결정하며,
그 목표에 도달할 때까지 결정한 행동을 계속하는 것이다. 중요한 것은 행동이다.
- 마이클 핸슨

흔히 '돈이 돈을 번다.'고들 합니다. 고스톱을 칠 때 흔히 하는 말이 있죠. 선이 선이다. 그런 얘기를 종종 하고 또 돈이 돈을 번다. 또 돈 없는 사람들은 "돈만 있으면 내가 무엇을 할 텐데…."라고 말하죠. 돈이 돈을 버는 겁니다. 그래서 돈의 법칙 두 번째 제곱의 법칙입니다.

이 제곱의 법칙은 무엇인가 하면 1×1=1, 1×2=2, 1×3=3이죠. 그래서 내가 열심히 일을 해가지고 1년에 1억을 벌었다. 그럼 또 2억이 되기 위해서는 1년 동안 더 일해야 한다. 3억을 벌기 위해서는 3년 동안 일해야 한다고 생각하죠. 그러면 일반적인 곱하기가 되는 거죠. 그런데 돈의 법칙은 '제곱의 법칙'입니다. 1×1=1인데, 2×2=4가 되는 거죠. 그리고 3×3=9가 되는 거고 7×7=49가 되는 겁니다. 속도가 엄청나게 증가한다는 거죠. 이게 바

로 돈이 돈을 버는 겁니다. 한 번 물꼬가 터지면 돈이란 게 계속 달라붙는 단 얘기죠. 그냥 날개 달린 듯이 나에게 다가오는 게 돈의 법칙입니다.

저도 이런 경우를 느꼈죠. 일을 열심히 하니 돈이 좀 들어와요. '내 인생에 이렇게 많은 돈을 벌다니.'라고 생각했는데, 그 다음번에는 더 많은 돈들이 다가오는 거예요. 그니까 돈이 돈을 버는 거예요. 아파트를 사가지고 수익이 나는 것도, 한 채 사고 두 채 사고 세 채 사니까 수익에 수익이 나는 거겠죠. 그래서 돈이 돈을 벌게하기 위하여 종잣돈이 중요한 것입니다.

지금 내가 월급을 타서 생활비로 전부 나간다고 하면 그냥 뭐 한 달 벌어서 한 달 먹고 사시는 거 밖에 안 되는 거죠. 돈이 돈을 벌기 위해서는 뭔가 모은 돈, 즉 종잣돈이 있어 있어야 한다는 것입니다. 그래서 이 종잣돈을 마련하기 전까지는 정말 아껴 써야 되고, 절약해야 되며 결론적으로 안 써서 이 돈을 키우셔야 하는 거죠. 이 종잣돈이 없으면 아무것도 못해요.

그래서 종잣돈은 여러분이 반드시 모아야 하는 것입니다. 최소한 몇 천만 원 모으기 전까지는 정말정말 지독하게 아껴 쓰셔야 해요. 그리고 여러분께서 종잣돈의 기준을 알려달라고 하신다면 저는 이렇게 말씀드리고 싶습니다. "종잣돈의 기준은 3천만 원이다."라고 말입니다. 3천만 원이 있다면 이제 이 돈으로 돈을 불릴 수가 있어요. 그런데 이 돈 3천만 원 모였다고 외국 여행을 가는 순간 이 돈들은 또 날아갈 겁니다. 없어지게 될 것입니다. 또 재미난 사실은 이러한 종잣돈은 시간이 지나면 지날수록 눈사람처럼 계속 커진다는 거. 이게 희한한 겁니다. 그래서 제곱의 법칙에 맞아

떨어진다는 얘기에요.

〈보헤미안 랩소디〉에도 나오는 부분이죠. 이 밴드는 대학 축제나 지역 축제에 왔다 갔다 하죠. 근데 그렇게 돈을 벌었으면 일당밖에 안 된다는 얘기잖아요. 그래서 이 사람들은 뭘한다? 바로 자기들이 타고 다니는 중고차를 팝니다. 그 차량을 팔고 그 돈으로 음반을 내는 모험을 감행하죠. 근데 그 음반이 뭐가 됐다? 대박이 나게 된 거죠. 그래서 대박이 나서 방송에도 나오고 하다 보니까 더 많은 돈을, 본인들이 예상하지도 못한 돈이 모이게 되는 거죠.

〈마약왕〉에서도 마찬가지입니다. 이 주인공은 처음에는 금 가공 일을 하다가, 밀수 관련 일을 하죠. 그리고 마약까지 파는 일에 손을 대게 되죠. 그러다보니 불법적으로긴 하지만 큰돈을 벌게 된 것입니다. 송강호의 역할이 마약을 팔아서 돈을 버는 게 잘 했냐 못 했냐고 말하는 게 지금 아닙니다. 단지 돈의 법칙에 대해서 얘기하는 것입니다. 그래서 돈의 법칙 두 번째는 '제곱의 법칙이다.'라고 말씀드리고 싶습니다.

이 제곱의 법칙에 들어가게 되면 돈이 가속도가 붙고 추진력이 붙어버려요. 그러다 보니까 어떻게 보면 감당하지 못할 돈들이 막 들어온다는 것입니다. 여러분 중에 혹시라도 이러한 경험을 해보신 분들도 분명히 계실 것입니다. 돈이 들어올 때는 갑자기 물밀 듯이 들어옵니다. 이때 돈 관리를 잘하신다면 돈이 돈을 버는 그런 순간을 맞이하실 수 있을 것입니다.

돈이 돈을 벌기 위해서는 뭔가 모은 돈, 즉 종 잣돈이 있어 있어야 한다는 것입니다. 그래서 이 종잣돈을 마련하기 전까지는 정말 아껴 써 야 하고, 절약해야 되며, 결론적으로 안 써서 이 돈을 키우셔야 하는 거죠. 이 종잣돈이 없 으면 아무것도 못해요. 그래서 종잣돈은 여러 분이 반드시 모아야 하는 것입니다. 최소한 몇천만 원 모으기 전까지는 정말정말 지독하 게 아껴 쓰셔야 해요.

CHAPTER 4

돈의 법칙3 밀물 썰물의 법칙
돈은 들어올 때 잘 가두어야 합니다

희망은 볼 수 없는 것을 보고, 만져질 수 없는 것을 느끼며,
불가능한 것을 이룬다.
- 헬렌 켈러

"내가 언제 이렇게 돈을 많이 벌었는지 나도 모르겠습니다."

돈을 많이 번 성공한 사람들을 보면 대부분 이렇게 말합니다. 또 갑자기
성공한 사람들도 이렇게 말합니다. "내가 왜 이렇게 갑자기 성공하였는지
저도 모르겠습니다." 흔히 갑자기 성공한 연예인들도 이렇게 이야기합니
다. "자고 일어나니까 스타가 되어 있더군요."

그러니까 돈과 성공은 하나씩 하나씩 순서대로 오는 것이 아니라 올 때
한꺼번에 순식간에 온다는 것을 알 수 있습니다. 어떻게 보면 돈이 언제
어디서 어떻게 왔는지도 모르게 돈들이 막 다가온다는 겁니다. 쓰나미처
럼 왔다가 또 일순간에 쓰나미처럼 빠져나가는 거예요. 그래서 우리는 옛
말에 '부자 삼대 못 간다.'라는 얘기도 있죠.

로또 당첨자들은 또 어떻습니까? 미국이든 유럽이든 우리나라든 뭐 몇 백 억, 몇십 억에 당첨됐는데 결론적으로 시간이 지나보니까 로또 당첨자들의 대부분이 못 살더라, 가난뱅이가 되어 있더라. 이런 말들을 굉장히 많이 들어왔습니다. 로또 복권이 당첨되기 전에는 중산층으로 살다가 로또 복권이 당첨된 이후에 오히려 더 빈민층으로 추락하는 경우가 종종 있지 않습니까.

주변에 보시면 힘들고 어려운 집안에서 자수성가해서 성공한 사람들이 있죠. 의사도 있을 거고 변호사도 있을 거고 사업가도 있을 거고. 근데 이 사람들을 만나서 자세히 얘기를 들어보면 보통 서민의 집에서 태어나서 의사나 변호사가 된 경우 또는 사업에서 크게 성공한 경우에 인생의 후반기에는 안 좋은 일들이 있다는 겁니다. 망하거나 빚에 쪼들리는 일도 있습니다.

서민의 아들이 부자가 되었을 때 이 부를 계속 유지를 하느냐 못하느냐 이 부분에서 유지가 안 된 경우를 숱하게 많이 봐왔습니다. 그런데 경주 최 씨 가문을 보세요. 어떻습니까? 이렇게 보시면 그 사람들은 그 부가 쭉 이어지는 경우가 있죠. 그런데 여러분 주변에는 서민의 아들로 태어나서 공부를 잘해 의사 변호사 되고, 사업해서 돈을 많이 벌었다고 하지만, 한 20년, 30년 정도 지나서 '쟤, 돈을 많이 벌었는데 결국 망했대.' 이런 식의 이야기를 듣기도 합니다.

그러면 전통적인 부자 가문과 일반 서민 가문의 차이점은 무엇일까요?

바로 전통적 부자 가문에서는 돈의 법칙 세 번째인 '밀물 썰물의 법칙을 안다.'는 것입니다. 돈이 들어올 때 뭐한다? '돈이 들어올 때 잘 가둔다'는 것입니다. 돈이 들어올 때 미래를 위해서, 노후를 위해서, 사업을 위해서 돈을 잘 관리합니다.

그런데 중산층에서 갑자기 부자가 됐어요. 그러면 '앞으로도 나에게 돈이 계속 들어오겠지'라고 오해합니다. 그래서 들어오는 돈을 흥청망청 씁니다. 그러다 보니 돈이 들어왔다가 일순간에 썰물처럼 싹 빠져나가는 것이지요.

제가 한 10년 전 대구에서 강의했었는데, 수강생 분들 중 한 분이 소위 말하는 '대대로 내려오는 부자'였습니다. 그런데 이분의 특징이 있었는데요, 이 분은 밖에 나가서 음식을 안 드신다는 것이었습니다. 그리고 식구들하고 다 같이 밖으로 놀러 가더라도 밖의 음식을 안 먹고 집에서 도시락을 준비해서 간다고 하셨습니다. 심지어 목이 말라도 편의점에서 물도 안 사먹는다고 합니다. 제가 "왜 그렇습니까?"라고 여쭤보니까 이 분이 하시는 말씀이 "밖에서 사먹는 음식이나 밖에서 먹는 물이 첫째, 돈이 나가서 아깝고 두 번째, 건강에 좋지 않아서 안 되고 세 번째, 가정교육에 좋지 않아서 안 된다."는 겁니다. 무서운 이야기이지요. 초등학교 1학년, 3학년이 "아빠, 물 사줘, 목말라." 해도 물을 안 사줍니다. 절대 안 사줍니다. 바로 밖에서 먹는 음식이니까 말입니다. 저는 그 얘기를 듣는 순간 소름이 끼쳤습니다.

그런데 어떻게 보면 저렇게 철두철미하게 교육을 시키고 또 철두철미하게 관리하는 것이 그 집안의 전통이라는 것입니다. 중조할아버지도 부자고, 할아버지도 부자고, 아버지도 부자고, 본인도 부자이지요. 그 본인의 아들딸들은 앞으로 어떻게 될까요? 앞으로도 이 자녀분들은 계속 부자로 잘 살아갈 가능성이 커 보입니다.

"사람이 어떻게 저렇게 살아."

"돈이 아무리 많으면 뭐해 난 저렇게 살기 싫어."

"사람이 살아가는 재미가 없을 것 같아."

이렇게 생각할 수도 있고, 이렇게 말씀하실 수도 있다고 봅니다. 하지만 마음 한편으로는 '와아, 부자 집안이 달리 부자 집안이 아니구나. 저런 교육이 있으니 부가 유지되는구나.'라고 생각하지는 않으신가요?

그냥 이대로가 좋은가요? 애들이 목마르면 그냥 물 사주고 콜라 사달라고 하면 콜라 사주고, 초콜릿 먹고 싶다 하면 초콜릿 사주고, 그러다 보면요 돈 무서운 거 모릅니다. 그러다 보면요. 돈도 없으면서 소비부터 배우게 됩니다. 결국 순간의 욕망을 참지 못하면 돈 버리고, 건강도 헤칠 수 있고, 가정 교육도 엉망이 됩니다. 이처럼 부자면 부자일수록 정말 작은 원칙부터 지킨다는 사실 꼭 명심하시길 바랍니다. 돈의 법칙 중에서 제일 중요한 것이 바로 이 세 번째라 생각합니다. 돈이라는 것은 이처럼 밀물처럼 다가오고 또 언젠가는 썰물처럼 나갑니다.

따라서 '영원토록 나는 돈을 많이 벌 수 있을 거야.' 이런 생각은 앞으로 반드시 버리시길 바랍니다. 그런 생각을 품는 순간 소비가 증가하고 마치 본인이 거대한 돈을 버는 사람처럼 되어버리고 돈 소중함을 잊어버리게 됩니다. 그러한 순간에 돈이 거짓말처럼 썰물처럼 나가버리고 맙니다. 따라서 돈이 들어올 때 위의 부자들처럼 지독하게 아끼고 들어오는 돈을 가두어두어야 합니다.

〈보헤미안 랩소디〉에서도 주인공에게 돈이 막 들어오죠. 돈이 막 들어오니까 돈을 막 쓰게 되죠. 사치하게 된다는 것입니다. 〈마약왕〉도 마찬가지입니다. 돈을 많이 버니까 대 주택에 스포츠카에 돈을 주체하지 못해 소비합니다. 영화 속에 나오는 이 주인공들은 돈에 대하여 한 가지를 모르고 있었습니다. '이 돈이 영원히 나한테 올 것이다.'라고 오해한 것입니다. 그래서 이 사람들은 들어온 돈을 가두지 못하고 다 소비를 하고 말았죠. 뒤늦게 돈의 법칙 세 번째, '밀물썰물의 법칙'을 깨닫게 되는 것이었습니다.

저도 잘나갈 때는 영원히 그렇게 많은 돈을 벌 줄 알았습니다. 지금 와서 보니까요, 돈이라는 것은 벌 때 벌리는 겁니다. 그때를 놓치고 나서 돈을 벌려고 하면 굉장히 힘듭니다. 두 번 다시는 그 시기가 안 올 수도 있다는 것입니다. 지금 여러분 중에 혹시 잘나가시는 분도 계시겠죠. 근데 그러한 건 대부분의 사람들도 다 과거에 그런 때가 있었다고 생각합니다. 그러니 잘나가는 때에 관리를 잘해야 한다는 얘기에요. '여러분이 일시적 부자로 끝날 것인가, 아니면 전통적 부자 가문이 될 것인가." 그건 여러분의 돈에 관한 생각에 달려있습니다. 영원히 잘나간다는 것은 이 세상에 없습니다.

부자면 부자일수록 정말 작은 원칙부터 지킨다는 사실 꼭 명심하시길 바랍니다. 돈의 법칙 중에서 제일 중요한 것이 바로 이 세 번째라 생각합니다. 돈이라는 것은 이처럼 밀물처럼 다가오고 또 언젠가는 썰물처럼 나갑니다. 따라서 '영원토록 나는 돈을 많이 벌 수 있을 거야.' 이런 생각은 앞으로 반드시 버리시길 바랍니다. 돈이 들어올 때 부자들처럼 지독하게 아끼고 들어오는 돈을 가두어두어야 합니다.

CHAPTER 5
돈의 법칙4 파괴 블랙홀의 법칙
많은 돈도 관리하지 못하면
돈은 파괴적으로 바뀝니다

내일은 우리가 어제로부터 무엇인가 배웠기를 바란다.
- 존 웨인

블랙홀이란 것은 어떤 물체이든 빨아들이고 흡입해버리는 그런 성향이 있습니다. 돈도 마찬가집니다. 돈도 준비가 안 된 사람한테는 블랙홀이 모든 것을 다 빨아들입니다. 그런데 블랙홀은 블랙홀인데 제가 '파괴'라는 단어를 넣었습니다. 다시 말해 돈은 자칫 잘못 관리할 때 파괴 블랙홀이 되어 버립니다. 퇴계 이황은 "부귀는 흩어지는 연기와 같다."고 하였으며, 중국 북송 때의 시인 소동파는 "이유 없이 큰돈을 얻으면 반드시 큰 재앙이 다가 온다."라고 하였습니다. 또한 돈의 속담에는 "돈과 여색은 따라다닌다."라고 합니다. 이러한 말은 갑자기 돈이 다가오면 본인이 그동안 지녀온 생활리듬이 깨진다는 말입니다. 그동안 열심히 모았다가 일정한 목표를 달성하면 마치 천하를 가진 것 같은 착각을 하게 됩니다. 그리고 생활

속의 절제가 되지 않고 다른 쪽에 관심을 가짐으로써 결국 부귀는 흩어지는 연기와 같게 됩니다. 이처럼 많은 돈을 관리할 수 있는 기술이 없을 경우에는 돈은 파괴적으로 바뀝니다. 많은 돈이 들어와도 이것을 적절하게 관리하고 다시 이 돈을 재생산할 수 있는 그런 능력이 되고, 그런 교육이 있다면 당신은 더 성장하고 파괴 블랙홀에 빠지지 않을 것입니다.

〈보헤미안 랩소디〉 영화에서도 나오죠. 돈이 벌리니까 앞서 얘기한 것처럼 사치를 하죠. 그리고 또 다른 자극적인 뭔가를 원합니다. 사람의 욕망이죠. 결국 마약에 빠지게 되고 방탕한 생활을 하다 모든 것을 잃게 됩니다. 영화 〈마약왕〉도 마찬가지입니다. 주인공은 마약을 팔아 주체할 수 없는 돈을 법니다. 그때부터 사치하고 마약을 하며 세상 무서운 것이 없는 괴물이 되어버립니다. 결국에는 자기 자신까지도 상실한 사람이 되고 말지요. 그런데 중요한 것은 돈이 많은데, 본인 혼자 죽는 거 아니잖아요. 본인이 가지고 있는 그동안의 생각, 그동안의 가치관이 다 파괴적으로 바뀌어, 사람을 무시하게 됩니다. 그리고 자기만이 잘났고 자기만이 똑똑하고 그래서 '자기가 이 정도의 돈으로 인한 권력을 가졌다. 내가 최고다.'라는 망상에 빠지게 됩니다. 그 이후에는 친구가 친구처럼 안 보이고 가족이 가족처럼 안 보이는 거예요. 그러면서 변해가는 자신조차도 몰라보는 거죠. 결국 파괴 블랙홀에 본인 자신도 같이 빨려 들어가는 사실을 인지하지 못하게 됩니다. 결국 모든 것을 다 잃어버렸을 때 그때야 정신을 차립니다. 그때서는 친구도, 가족도, 돈도 없습니다. 영원히 파괴된, 몸과 마음이 망

쳐진 본인 자신만 덩그러니 남게 됩니다. 이것이 바로 돈의 법칙 중 하나인 파괴의 법칙입니다.

돈의 법칙을 어떻게 잘 활용할 것인가? 돈이 있고 없고의 차이는 이미 아실 겁니다. '왜 돈을 모으나?'라는 것도 여러분이 저보다 훨씬 더 많이 아실 것입니다. 보통 사람들은 돈에 대해서 자유로운 경우가 세상에 많지 않기 때문입니다. 아무리 돈이 많아도 돈 때문에 걱정하게 되고, 돈이 없으면 돈 때문에 더 걱정할 수밖에 없습니다. 따라서 우리는 돈에 법칙에 대하여 제대로 알았다면 스스로가 달라지도록 노력해야 합니다.

작은 부자는 성공할 수도 있지만 크게 망할 수도 있습니다. 그런데요, 큰 부자는 크게 성공도 하고 크게 망했다 하더라도 다시 일어날 수 있는 힘이 있는 사람들입니다. 작은 부자와 큰 부자는 차이가 납니다. 백석지기 부자는 천석지기 부자가 될 수도 있지만은 때때로 망할 수도 있겠죠. 하지만 만석지기 부자는 망하기가 그리 쉽지 않습니다. 그러면 백석지기 부자와 만석지기 부자의 차이는 무엇일까요? 물론 땅의 평수 차이도 있겠지만 제가 보는 만석지기 부자와 백석지기 부자의 차이는 바로 '피가 다르다.'는 겁니다. 여기서의 '피'의 의미는 A형이냐 B형이냐 이런 혈액형을 말하는 것이 아니라 가문의 전통이 있느냐 없느냐, 특히 이재理財부분에 대한 교육이 있느냐 없느냐의 차이가 아닐까요? 돈과 이재에 관한 가문의 전통이 있을 경우에는 이러한 부가 자손대대로 이어질 가능성이 큽니다. 하지만 돈과 이재에 관한 가문의 전통이 없을 경우에는 후손에서 가문의 전통이 끊어질 가능성이 커보입니다. 돈의 네 가지 법칙을 제대로 이해하고 실천함으로써 우리 대에서만 잘 먹고 잘사는 것이 아니라, 자손 대대로 행복한 부가 이어지는 그러한 삶을 살기 위해서 노력하시길 바랍니다.

많은 돈을 관리할 수 있는 기술이 없을 경우에는 돈은 파괴적으로 바뀝니다. 많은 돈이 들어와도 이것을 적절하게 관리하고 다시 이 돈을 재생산할 수 있는 그런 능력이 되고, 그런 교육이 있다면 당신은 더 성장하며 파괴 블랙홀에 빠지지 않을 것입니다.

PART 3

돈 버는 법-
돈을 벌 수밖에 없는
절대 원칙

CHAPTER 1
보통 사람들이
큰돈을 못 버는 진짜 이유

인생에서 원하는 것을 얻기 위한 첫 번째 단계는
내가 무엇을 원하는지 결정하는 것이다.
-벤 스타인

부동산 투자를 하든, 주식 투자를 하든, 사업을 하든, 왜 보통 사람들은
큰돈을 벌지 못하는 걸까요? 물론 큰돈이 아니라 적은 돈도 벌지 못하는
사람들도 많은데 왜 큰돈을 운운하는 것일까요? '지금처럼 돈 벌기 어렵고
먹고살기 힘든 시대에 큰돈을 이야기하는 것 자체가 어떻게 보면 또 모순
이지 않겠는가'라는 그런 생각도 해봅니다. 하지만 우리 주변을 본다면 예
상 밖으로 큰돈을 버신 분들도 계십니다. 다만 큰돈 관리를 하지 못해서
망한 경우가 좀 많다는 것이죠.

현재 '나는 앞으로 큰돈을 벌지 못할 거야, 나는 적은 돈도 벌지 못할 거
야' 이런 생각이시라면 진짜로 적은 돈도 큰돈도 벌 수 없습니다. 그리고
큰돈을 번다는 것은 큰 행운을 의미하는데요. 이러한 '큰돈은 나하고는 전

혀 관련이 없는 이야기야라고 생각하시는 분도 계실 겁니다. 하지만 부자로 가는 길은 꿈꾸지 않는 사람은 갈 수가 없고 행하지 않는 사람은 이룰 수가 없고 노력하지 않는 사람은 열매를 가질 수 없습니다. 모든 것은 일체유심조一切唯心造라. 본인이 돈을 벌겠다는, 벌 수 있다는 마음먹기에 달려 있다는 것입니다. 본인이 할 수 있다고 믿으면 할 수가 있는 것이고, 본인이 할 수 없다고 믿으면 할 수 없는 것입니다.

'교수님, 제가 이렇게 될 줄은 몰랐습니다. 제가 부동산에 관심을 가지지 않았다면 아마도 저는 계속 발전 없는 생활을 했을 겁니다. 교수님 덕분에 부동산에 관심을 가지고, 교수님을 통해 투자도 해보고, 그로 인해 많은 기쁨과 성취감을 얻었습니다. 교수님께 늘 감사한 마음입니다.'

작년에 저에게 이렇게 문자를 보내주신 분이 계십니다. 이처럼 부동산에 대하여 전혀 관심이 없었던 분이 종잣돈 몇천만 원을 가지고 재테크를 시작하여 몇억 원을 벌었다는 이야기입니다. 이에 달라진 자신을 돌이켜보며 감사함을 전하는 문자인데요. 만약 이분이 '본인은 할 수 없다.'고 생각하였다면 지금 어떠한 삶을 살고 계실까요? 이 구독자의 이야기대로 어제가 오늘이고 오늘이 내일인 삶을 살고 있지 않았을까요? 이처럼 할 수 없다고 생각하면 아무것도 할 수가 없고요. 할 수 있다 생각하면 무엇이든지 할 수 있는 법입니다.

'내가 과연 할 수 있을까?' 혹시 이렇게 생각하시는 분이 제 앞에서 이렇게 말한다면 저는 그 사람에게 이렇게 말을 합니다. 그럴 생각이라면, 아예 하지를 마세요. 그런 생각이라면 지금 무엇을 할 수 있을까요? 그런 정신이라면 아무것도 할 수 없을 것입니다. 따라서 만약 무엇인가를 하시겠다면, 목표를 이루겠다면 반드시 이렇게 결심하세요. '나는 할 수 있다.'는 마음 99퍼센트와 '난 반드시 하고야 만다.'라는 마음을 말입니다.

이것은 충분조건이 아니라 조건 없는 필요조건이기 때문이에요. 단 1퍼센트의 '내가 과연 할 수 있을까?'라는 자기 부정적 생각이 99퍼센트의 긍정의 마음을 다 갉아먹기 때문입니다. 여러분도 이제부터는 '할 수 있다.'는 마음 99퍼센트와 '반드시 하고야 만다, 기필코 해내고야 만다.'는 1퍼센트의 마음을 지니시기 바랍니다.

이러한 100퍼센트의 긍정적인 마음을 가지고 열심히 살아야 변화하기 시작하고, 발전하기 시작하고, 달라지기 시작하며, 돈을 벌기 시작한다는 이야기입니다. 여기에 내적으로나 가정적으로 더 행복해질 수 있습니다. 제 주변에도 이처럼 달라지는 분들이 한두 분이 아닙니다.

아무튼 사람들은 운이 좋든, 재주가 좋든, 기술이 좋든, 뭐든 돈이 벌리긴 벌린다는 얘기예요. 어찌 되었든 준비를 많이 했든, 준비를 적게 했든, 우연찮게 주식 투자를 해서, 사업을 해서, 부동산에 투자를 해서 돈이 벌리긴 벌립니다. 그런데 처음에 막 들어오던 이런 돈들이 시간이 지나면 안 들어오는 순간이 생깁니다. 돈이 오래가지 못하는 특징이 있다는 것을 여러분도 깨닫게 될 것입니다.

특히 부자들 같은 경우에는 부자 부모님에게서 자녀들에게로 돈이 잘 상속되는 것처럼 이렇게 보이시죠? 하지만 이러한 과정을 자세히 살펴보시면요. 돈과 함께 부모님들이 가지고 계시는 돈 버는 기술, 돈 관리 기술, 인간 됨됨이까지 상속됩니다. 돈만 전달이 된다면 결코 돈을 잘 유지할 수가 없기 때문입니다. 언론에 의하면 로또 복권에 당첨된 사람이나, 또 장사를 통해서 일확천금을 번 사람들, 이런 사람들을 보면 한 1년, 2년 정도는 잘 버틸 수 있겠지만, 대부분의 사람들이 몇 년을 버티지 못하고 전 재산을 날린다고 합니다. 결국 돈으로 흥하고 돈으로 망합니다. 언론을 통해서도 '종종 벼락부자가 되었다가 지금은 절도범이 되었다.'라는 등, 이런 이야기를 쉽게 접할 수 있습니다. 이처럼 보통 사람들이 큰돈을 벌었다 하더라도 이를 더 크게 벌지 못하는 이유와 큰돈을 벌고 나서 왜 나중에는 쪽박을 차는지 그러한 이유가 반드시 있다는 겁니다. 그러한 이유는 다음과 같습니다.

첫째, 교육의 부재不在입니다. 자녀들에게 공부하라고 공부는 시키지만 그러한 공부는 대학을 가기 위한 공부이지 사람 공부, 인성 공부, 돈 버는 공부, 돈 관리 공부, 재테크 공부가 아니죠. 이런 상태에서 갑자기 큰돈이 생기면 관리가 안 됩니다. 어떻게 해야 할 줄을 모른다는 얘기예요. 왜냐하면 돈 공부를 해본 적이 없기 때문입니다. 따라서 부모님들께서 한 달에

300~400만 원을 버시는 분이시라면 그 자제분이 한 달에 1천만 원, 2천만 원 벌게 되면 마치 세상을 다 가진 것 같을 것입니다. 그리고 '나는 이루어 냈어. 내가 이 정도나 해내다니.' 자신을 축하한다는 얘기입니다. 말 그대로 일찍 샴페인을 터뜨리고 마는 것이지요. 그러다 보니 그동안 누려보지 못 하였던 좋은 음식에, 좋은 술에, 좋은 차에, 좋은 집에, 명품에다가 결국 소 비의 유혹을 이겨내지 못해서 나중에서는 후회하는 삶을 사는 것입니다.

둘째, 작은 성공에 취하게 됩니다. 1차 성공을 했다면 2차 성공도 꿈꾸 고 실행해야 합니다. 그리고 2차 성공을 했다면 3차 성공으로 가는 플랜, 즉 계획을 또 세워야 하는데, 1차 성공에서 '1억 내지 2억, 몇 억의 돈을 벌 었다'이런 순간 만족해버립니다. 자기 안주를 해서 앞으로 나아가지를 못 하게 됩니다. 잘해서 1차, 2차, 3차까지 성공해가지고 '10억 대를 벌었다' 그러면 10억 대를 벌고 나서 4차 계획으로 30억 대로 가는, 그런 계획을 짜 야 하는데 그런 계획을 못 세우게 됩니다. 그런 더 큰 계획을 짜서 더 알뜰 하게, 더 알차게, 더 열심히 꿈을 향해 달려가야 하는데 그러한 계획의 부 재로 인해서 그냥 축포를 터뜨리고 맙니다. 결국 돈이 문제가 아니라 사 람이 문제입니다. 사람 문제 중에서 타인의 문제, 배우자의 문제가 아니라 오직 한 사람의 문제입니다. 그 사람은 바로 자기 자신입니다. 본인의 됨 됨이, 본인의 그릇이 그것밖에 안 되기 때문이지요. 어떻게 보면 돈을 담 는 그릇이 문제입니다.

당신은 당신의 그릇에 무엇을 담겠습니까? 부수적인 양념장만 담을 건가요? 아니면 좋은 음식과 같은 모든 것을 다 담을 건가요? 그리고 또 무엇인가 담겨있다고 만족하실 건가요? '여기 있는 그릇을 다 채웠어. 나는 만족해.' 이런 생각을 했다가는 앞서 이야기처럼 돈과 행복이 모두 달아나고 맙니다. 그릇에 무엇인가가 담겨져 있다면 또 새로운 것을 위하여 지금보다 더 노력해야 합니다. 결국 사랑과 돈과 행복은 거대한 나를 찾아가는 성찰의 문제인 것 같아요. 또 사람이 사람다운, 됨됨이의 문제입니다.

이러한 됨됨이가 안 되어있을 경우에 주식과 부동산의 경우에 조금 올랐다고 그냥 팔고, 누가 팔라고 권했다고 팔고, 불안해서 파는 거예요. 이처럼 가볍게 움직이니까 큰 상승장에서 크게 이득을 못 보는 것이고 하락하는 장세에서는 팔고 나와야 하는데 그냥 기회를 놓치고 손절매 기회도 놓치고 우두커니 쳐다만 보는 겁니다.

결국 먹을 땐 조금 먹고 나갈 때는 많이 나가는 것입니다. 그리고 내가 만약 팔았다면 내가 판 종목의 가격이 내려가면 좋아라하고, 잘 팔았다고 기뻐하고, 내가 판 종목의 가격이 올라가면 그거 왜 팔았을까 슬퍼하고 분노를 느끼지 않습니까? 이런 감정이 반복적으로 이루어지지 않습니까? 결국 우리네 인생이라는 것이 주식에 의해서, 부동산에 의해서 좌지우지되고 맙니다. 주식과 부동산은 나를 위해서 있는 건데 내가 주식과 부동산을 위해서 있는 것밖에 안 되는 것입니다. 사업 또한 그렇습니다. 조금만 장사가 잘되면 그냥 '나는 영원히 장사가 잘될 거야. 지금보다 더 나아질 거야. 이 모든 것이 내가 얼마나 노력했는데, 이러한 결실은 내가 노력한 대가야. 그리고 나는 앞으로 장사가 잘될 거야.'라고 자기도취에 빠진다는 이야기예요. 장사가 잘되니까 소비 유혹에 빠지고 만다는 것이죠. 결국 시간이 지나면 아시지 않습니까. 장사가 잘된다 하더라도 길어야 2년, 3년 아닙니까? 2년, 3년 지나면 새로운 뭔가를 개발해야 하는데 그러한 개발이 없다고 한다면 매출은 떨어지고, 장사는 안되고, 수익은 떨어지며, 결국 소비하는 습관만 증가해서 돈이 나가고 맙니다. 결국 본인 내면과의 싸움에서 지고 마는 것이지 않겠습니까? 언제부터인가 작은 이득을 맛보면, 또 적은 돈을 벌다 보면 자기 내면의 자아를 보지 못해요. 또 자기 내면 속의 거인을 생각하지 못해요. 자기 내면의 행복을 잊어버리고 자기 내면의 노력과 열정을 망각해버린다는 얘기죠. 오로지 눈앞에 조금 벌린 돈에 취하여 이래도 흥, 저래도 흥, 하다가 결국 망하고 맙니다.

셋째, 다시 기회가 오길 기다리기만 합니다. 그리고 시간이 지난 뒤 망하고 나서 이렇게 울부짖죠. '다시 한 번 더 나에게 기회가 온다면. 기회야, 다시 한 번 나에게 와라. 그때가 되면 내가 두 번 다시는 그러한 실수를 안 할 것이다. 그때부터는 내가 더 잘살 것이다.' 이렇게 생각한다는 거죠. 그런데 다시 한 번 기회가 왔다. 그러면 잘하실 것 같아요?

아니에요. 운 좋게 다시 한 번 기회가 왔다면 오히려 당신은 더 망가지고 만다는 얘기입니다. 왜인지 아세요? 돈은 운 좋게 왔지만 그러한 돈을 다시 담을 그릇이 안 돼 있기 때문이죠. 복권에 당첨된 사람들을 보세요. 그 많은 돈 다 쓰고 나서, 다시 돈만 생기면 복권 사지 않습니까? 또다시 기회가 오기를 바라는 거예요. 그 돈을 다 쓰고 나서, 그런데 다시 로또에 당첨됐다. 그러면 그 사람이 두 번 다시는 실패하지 않을까요? 그렇지 않습니다. 당신은 '나는 무엇이든지 하면 돼. 이 세상에 복권 두 번 당첨된 사람 누가 있어. 나밖에 없어.' 이런 생각을 가진다는 얘기예요. 그다음에 또 뭐 합니까? 또 복권 살 거예요. 또 될 줄 알고. 결국 돈과 행복은 점차 복권 당첨됨과 동시에 멀어진다는 얘기죠. 이 이야기를 역설적으로 표현하면, 당신의 장사가 잘되면 잘될수록, 사업이 잘되면 잘될수록 미래에 대한 준비를 안 하고 당신의 됨됨이가 준비가 안 되어있다면 결국 돈과 행복은 점차 더 멀어질 가능성이 크다는 이야기입니다.

그러므로 돈을 벌고 싶다면, 돈을 더 많이 벌고 싶다면, 지금 자신의 내면부터 먼저 살펴보기 바랍니다. '나는 얼마만큼 큰 사람일까? 나는 얼마만큼 준비가 된 사람일까? 나는 얼마만큼 노력하고 있는가?' 그리고 1차로 난 얼마까지 벌어야 할까? 그 후 2차는 얼마까지 또 벌까? 그러기 위해서는 나는 또 얼마만큼 새로운 노력을 해야 할까?' 이러한 질문을 통해서 당신 내면의 자아를 만나볼 수 있습니다. 이러한 자아를 더 키우고 성장하게 하기 위해서 노력해야 합니다. 그리고 우리의 아들, 딸에게 이러한 자아를 찾아내고 돈과 행복과 자아를 관리하는 방법을 알려주어야 합니다. 이 세상에 그냥 부자가 된 예는 없습니다. 돈이 많은 부자일수록 자아가 강한 사람들이며 끊임없이 노력합니다. 또 이러한 자아 발견을 통해서 돈을 벌어봤다면, 그리고 부자가 되었다면 본인의 이러한 경험을 자녀들에게 교육하여 자녀들도 부자의 길로 이끌어야 합니다. 결국 돈은 바로 당신 자신입니다. 이렇듯 부자는 자아를 계속 키워나가는 이어달리기입니다.

CHAPTER 2

돈 벌고 싶다면
세 가지 '함'을 가져보세요

실수를 부끄러워하지 말라,
실수를 부끄러워하면 그것이 죄가 되느니라.
-공자

돈 벌고 싶으시죠? 또 행복해지고 싶으시죠? 이는 누구나 다 가지는 마음입니다. 그렇다면 '세 가지 함'을 가지시기 바랍니다. 모든 사람들의 꿈은 무엇일까요? 돈을 많이 벌어서 행복해지는 것. 이것이 바로 대부분의 사람들의 꿈이겠지요? 어떤 부모님께서 자녀들에게 "애야, 돈 조금만 벌어라. 돈 필요 없다." 이렇게 말씀하시는 부모님이 과연 계실까요?

제가 겪어보거나 만나본 많은 분들은 돈을 조금 벌라고 말씀하시는 분은 거의 보지 못하였고요, 대부분의 부모님은 이렇게 말씀하시죠. "애야, 돈 많이 벌어라." 이렇게 말씀하시는 거예요. 자녀분들이 만약에 직장인이거나 공무원이라면 이렇게 말씀하시죠. "애야, 돈 좀 아껴 써라. 그리고 돈 모아야 한다." 대부분의 부모님들은 이렇게 말씀하십니다. 그리고 하시는 말씀이 "돈 모아라."입니다. 그러면 부모님들은 왜 이렇게 말씀을 하실까요? 그것은 바로 싫든 좋든 여러분이 부정하건 안하건 돈이 있어야지 행복할 수 있기 때문입니다. 우리가 살고 있는 사회가 바로 그러한 자본주의 사회이기 때문에 돈을 많이 벌어야 된다는 것입니다.

그렇다면 돈을 벌기 위해서 무엇을 해야 할까요? 돈을 벌기 위해서는 공부를 열심히 하셔야 되겠죠. 그리고 성실하셔야 하겠죠. 본업에 충실하셔야 되고 재테크를 하셔야겠죠. 결혼? 예, 맞습니다. 결혼도 잘해야 하겠죠. 맞아요. 하지만 돈을 잘 벌기 위해서 돈 많은 집으로 시집이나 장가를 가기에는 굉장히 어렵다는 얘기예요. 어떻게 보면 여러분 자신이 노력해서 돈 버는 것보다 돈 많은 집 배우자를 만나서 결혼하기가 더 어렵고 힘듭니다. 그런데 돈 벌기 위해서 공부해라, 성실해라, 본업에 온 힘을 다해라, 재테크해라, 이러한 이야기는 누구나 다 합니다. 제가 보는 관점에서 돈을 벌 때 가장 중요한 것은 '세 가지 함'을 가져야 된다는 것입니다. 여기서 말하는 세 가지 함이란 다음과 같습니다.

첫 번째 함은 절박함입니다. 돈 때문에 자살을 생각하는 사람들의 이야기를 들어 보면, '위를 쳐다보면 막막함이 끝이 없고, 아래를 내려다보면 걱정이 끝이 없다.'라고 합니다. 채권자들은 집으로 찾아오지 당장 먹을 쌀도 없지, 돈 빌릴 때도 없지. 그냥 생각나는 것은 오직 하나 뿐입니다. 죽고 싶다." '이거 아니면 난 죽는구나. 이거 아니면 우리 가족은 진짜 죽겠구나.' 이런 절박함이 있을 때, 그때 돈을 벌려고 하는 절박함도 생깁니다. '집 안에서 사람 만나는 것이 무섭다. 문득 나에게 걸려오는 전화벨 소리조차 무섭다. 집 밖으로 나가는 것이 두렵다. 세상에 나가는 것이 무섭다.' 이런 마인드로는 결코 돈을 벌 수가 없습니다.

그러한 고통은 제가 잘 알고 있습니다. 저는 다른 사람들이 들려주는 성공 이야기, 인생역전 이야기와는 전혀 다른 이야기를 여러분에게 전해드리고 있습니다. 왜냐하면 저는 이론상의 이야기를 해드리는 것이 아니라, 다 체험해보고 다 겪어보고 저 또한 어렵고 힘든 그런 고비 고비들을 다 넘겨보았기 때문입니다. 그러다 보니까 이렇게 말을 할 수 있습니다. 또 먼저 그 길을 가기 전에 겪은 수많은 고통과 아픔과 두려움과 무서움을 겪었습니다. '이거 할 수 있을까 없을까?' 하고 고민하면서 죽고 싶은 심정이 자연스럽게 생기는 그런 수많은 과정을 다 이겨내니까 그때야 뭔가 빛이 보인다는 얘기예요. 진정한 바닥을 겪어보니까 그때야 한 줄기 희망이 보였습니다. 그것은 바로 절박한 현재의 현실을 본인이 깨닫는 거예요. '이제 더 이상 떨어질 때가 없겠구나. 이제 더 이상 물러날 때가 없구나.' 이런 절박함이 있을 때, 이때 사고자하는 마음, 돈을 벌고자 하는 마음도 생깁니다. '이제 됐어. 이제 더는 고생까지 할 필요는 없어. 이제는 일어나야지. 이제부터는 절박하게 돈을 벌어봐야지.' 이러한 마음이 필요하다는 얘기예요. 이러한 절박함에서 돈도 들어옵니다.

두 번째는 애절함을 가져야 합니다. 애절하다는 것은 견디기 어렵게 애가 타는 마음입니다. 가슴에서 애가 탄다는 건 가슴이 타들어 가는 마음이라는 뜻으로 그런 마음이 바로 애절함이라는 것이죠. 저는 애절함을 이렇게 봅니다. 여기서 말하는 애절함의 그 '애'는 바로 자기애라는 겁니다. 다시 말해 자기를 사랑할 줄 알아야 합니다. 그리고 가족을 사랑할 줄 아는 마음이 있어야 합니다. 근본적으로 자기를 사랑하는 마음이 없다면 돈 벌기가 어렵습니다. 왜 우리가 돈을 벌어야 하나요? 자기를 멋지게 꾸미기 위해서, 내가 행복해지기 위해서. 가족을 지키기 위해서 돈을 버는 것 아닐까요? 가장 기본적이죠. 물론 타인을 위해서, 우리 마을의 복지를 위해서. 대한민국의 번영을 위해서, 인류의 발전을 위해서 돈을 버는 사람이 있긴 있겠지만 흔하지 않을 것입니다. 자기를 먼저 사랑할 줄 아는 마음, 그런 마음을 가장 먼저 가져야 합니다. 그다음 가족을 지켜야 한다는 그런 마음, 그런 처절하고 애가 타는 그런 것을 가지셔야 합니다.

돈이 없음으로써 타인에게 무시를 당하고 비참하고 외면당하더라도 나조차 나를 싫어한다면 그럼 내가 어디에 가겠습니까? 다른 사람들이 전부 나를 무시하는데, 나까지 나를 무시한다면 당신은 어디로 가야 하나요? 갈데가 없지 않습니까? 그래서 자기애를 가지셔야 합니다. 다른 사람들이 다 나를 외면해도, 다른 사람들이 다 나를 무시한다 하더라도 자신만큼은 자신을 아끼셔야 합니다. 애절한 마음으로 자신을 챙기시기 바랍니다. 그리고 더 나아가 나로 인해서 고생한 가족, 그러한 가족을 위해서 내가 더 돈을 벌어야 하지 않을까요?

세 번째는 간절함입니다. '간절하다'는 뜻은 무엇일까요? 이는 정성이나 마음 씀씀이가 더없이 정성스럽고 지극한 것을 말합니다. 옛날 우리 선조들을 한 번 생각해보시죠. 집안에 우환이 생기거나, 아픈 분이 계시다면 또 집안에서 소원을 빌 때, 첫 새벽의 길은 맑고 깨끗한 우물물을, 그런 정화수를 떠놓고 신에게 빌었지 않습니까. 그러한 간절한 기도가 간절하면 할수록 에너지가 한 곳에 집중되었으므로 기도의 효용이 더 컸을 거라고 생각합니다.

성공하고 싶으시죠. 돈 많이 벌고 싶죠. 또 행복해지고 싶죠. 그렇다면 간절함을 가져야 합니다. 간절함은 간절할수록 성공할 가능성, 행복할 가능성, 돈을 많이 벌 가능성이 커진다는 겁니다. 저는 수많은 사람들을 많이 보아왔어요. 돈 많이 버신 분들. 돈 하나도 없는 분들. 행복한 사람들. 또 행복하지 못한 분들. 참 이 세상에 많은 부류의 사람들을 만나본 것 같아요. 또 겪어보고 느껴보고 얘기해보고. 그런데 이 사람들의 차이점이 아주 간단하다는 걸 저는 알게 되었습니다.

성공한 사람들 같은 경우 움직이고 행동하며 노력합니다. 그런데 실패한 사람들을 보면 누워서, 앉아서 생각만 하고 걱정만 한다는 거예요. 행동하지 않는다는 겁니다. 게으른 특징이 있다는 것을 알게 된 거죠. 더 놀라운 사실은 부자면 부자일수록 돈에 대해서 더 절박하고, 더 애절하며,

더 간절하다는 거예요. 제가 만난 수많은 부자들은 한 푼이라도 더 벌기 위해서 더 절박하고 더 애절하고 더 간절합니다. 그런데 가난하면 가난할수록 돈에 대해서 더 절박하고 더 애절하며 더 간절한 마음이 없다는 얘기예요. 돈은 있어도 그만, 돈은 없어도 그만. '죽을 때 돈 가지고 죽는 거 아니다.' 이런 말을 하시는 분들 대부분이 가난합니다. 부자들은 절대 이런 말을 하지 않습니다. 부자들은 돈은 많으면 많을수록 좋다고 생각합니다. 더 절박하고 더 애절하고 더 간절하니까 부자들한테 돈이 다가옵니다. 그런데 돈에 대해서 절박하지도 않고 애절하지도 않고 간절하지도 않으면 돈이 왔다가 딴 곳으로 흘러간다는 얘기죠.

돈 벌고 싶으시죠? 그러면 절박함, 애절함, 간절함. 이 세 가지 함을 가지세요. 성공하시고 싶고, 돈 벌고 싶으시다면 이제 그만 세상 밖으로 나오세요. 그리고 뭐라도 하세요. 그런데 정 할 게 없다고 한다면 그냥 도서관 가세요. 도서관 가서서 '한 달에 책 15권씩 읽겠다.' 이런 목표를 정해서 행동을 옮겨보시고요, 또한 건강한 몸을 위하여 '하루에 한 시간씩 걷기 운동을 하겠다.' 이런 목표를 정하고 한 달간 먼저 해보시길 바랍니다. 이렇게 하신다면 1달 뒤, 2달 뒤, 3달 뒤, 6개월 뒤 놀라운 변화가 나타날 것입니다.

첫 번째는 자신감이 생기고, 두 번째는 몸이 건강해지며, 세 번째는 그동안 소홀했던 인간 관계가 좋아질 것이고 마지막으로 정말 원수 같았던 돈들이 소름 끼치게 다가 올 것입니다. 그동안 할 수 없어서 못 한 것이 아니라, 본인이 안했기 때문에 못한 것입니다. 이제 이러한 작은 목표를 가지고 실제로 행하는 것이 습관화된다면 1년 뒤에는 "제 인생이 달라졌어요."라는 자랑의 메일을 저에게 보내시게 될 것입니다.

돈은 있어도 그만, 돈은 없어도 그만. '죽을 때 돈 가지고 죽는 거 아니다.' 이런 말을 하시는 분들 대부분이 가난합니다. 부자들은 절대 이런 말을 하지 않습니다. 부자들은 돈은 많으면 많을수록 좋다고 생각합니다. 더 절박하고 더 애절하며 더 간절하니까 부자들한테 돈이 다가옵니다. 그런데 돈에 대해서 절박하지도 않고 애절하지도 않고 간절하지도 않으면 돈이 왔다가 딴 곳으로 흘러간다는 얘기죠.

CHAPTER 3
눈에 핏줄 터질 만큼
돈 벌기 위해 일해 보셨나요?

성공은 자연연소의 결과가 아니다.
먼저 자기 자신에게 불을 지펴야 한다.
-레기 리치

함부로 가난을 경험했다고 말씀하지 마세요. 또한 '나는 가난을 이겨내기 위해서 온 힘을 다했다.'라는 말씀도, '앞으로 난 돈을 벌기 위해 최선을 다할 것'이라는 말씀도 하시지 마시길 바랍니다. 저의 경험상 "이제부터 잘 하겠다."라는 사람들치고 진짜 잘하는 사람을 못 봤기 때문입니다. 원래 가난을 이겨내기 위하여 잘하는 사람들은 이런 말, 저런 말 안하고 열심히 합니다. 그리고 '앞으로 잘하겠다.'라는 말도 안합니다. 왜냐고요? 현재의 삶에 항상 열심히 살아가고 잘하기 때문입니다.

돈을 벌기 위해서는 온 힘을 다해야 합니다. 특히 부자가 되기 위해서는 언 땅에 맨발로 서있는 기분으로 살을 에는 날카로운 겨울바람 앞에서 홀딱 벗고 있다는 마음으로 명동 번화가에서 거지차림으로 내가 서있다는 느낌이 필요합니다. 내일은 당신을 위한 내일이 아니라, 있는 사람들을 위한 내일일 뿐이며, 당신이 노력하지 않는 오늘은 있는 사람들의 부를 축적하기 위한 오늘입니다. 당신에게서의 오늘은 그냥 흘러가는 오늘일 뿐이며, 있는 사람의 과거는 더 열심히 하지 못한 아쉬움으로 가득한 반성의 과거입니다. 없는 사람의 과거는 희망은 마음 속에 있지만 행동은 땅속에 묻어서 후회하는 과거입니다. 그러므로 당신의 부에 대한 애착감을 크게 키워야 합니다.

부자가 되고 싶다면, 최소한 성공한 사람이 되고 싶다면, 최소한 사람으로 태어나서 사람대접 받고 싶다면, 눈에는 핏 꽃이, 마음에는 불꽃이, 몸에는 번개 꽃이, 습관은 성공 꽃이 피어야 합니다. 이 네 가지 꽃을 피우지 않고 그냥 '이런 말도 있구나' 정도에 머문다면 결국 있는 사람을 위한 들러리 밖에는 되지 않습니다. '인생에 있어서 성공한 사람들의 들러리가 될 것인가, 성공한 사람이 될 것인가' 여러분의 선택에 달려있습니다. 죽을 각오로, 유언을 쓰고 살아가기 바랍니다. 그렇다면 이렇게 게으를 수 있을까요? 그렇다면 이렇게 무의미하게 하루를 보낼 수 있을까요? 자기 자신을 좀 돌아보시길 바랍니다.

어느 날 보험회사에 다니시는 어떤 분을 만났습니다. 그분은 보험회사에 입사한 지 몇 달 만에 지점에서 일등을 하는 성과를 이루었습니다. 하지만 매번 일등을 하고, 월급도 많이 받으면서 보험회사 영업의 처음 마음과 열의가 많이 식어버렸습니다. 보통 사람의 의지와 행동력은 오래가지 않기 때문입니다. 그분도 예외 없이 월급으로 1천만 원이라는 많은 돈들이 통장으로 입금되는 것을 알고 서서히 배가 부르기 시작한 것입니다. 그런 다음, '내일도 잘되고, 다음 달도 잘되고, 내년에도 잘 될 거야…'라고 생각하는 순간 돈이 도망가기 시작합니다. 그리고 일도 도망가기 시작합니다. 그다음 대부분의 사람들은 이런 행동을 반복적으로 합니다.

- 늦게 일어나고 늦게 잔다.

- 주변 사람들이 밉게 보이고 매사에 부정적이다.

- 술을 마시게 되고 친구들을 찾게 된다.

- 돈을 쓰게 되고 돈 쓰는 맛을 알게 된다.

- 돈 버는 행위 말고 또 다른 맛을 알고 싶어 한다.

- 계속 돈이 들어올 것 같고 이젠 소비를 즐기고 싶어 한다.

- 규모가 작은 매출의 고객들 보다는 큰 매출을 낼 수 있는 고객들만 만나고 싶어 한다.

이러한 순간 실적은 떨어지게 됩니다. 당신이 만약 돈이라고 가정한다면 이러한 행동을 하는 사람 옆에 계속 있고 싶겠습니까? 그래서 돈이 서서히 도망가게 됩니다. "이 인간도 이젠 끝장이군. 내가 좀 다가가니까 항상 내가 옆에 있는 줄 아는군. 좀 더 멋있는 친구를 찾아서 나도 보따리를 쌀 시간이군." 그래서 돈이 떠나가고 영업 실적은 고꾸라지기 시작하게 됩니다. 이분하고 저녁 식사를 하였습니다. 이분께서 이렇게 말씀을 하시더군요.

"교수님, 제가 사는 재미가 없습니다."

"아니 왜요? 실적도 좋으시고 월급도 많이 타시는데 너무 엄살 아닙니까?"

"엄살은요, 그냥 집에 가도 부인이 맘에 안 들고…."

딱 앞서 말한 사례였습니다. 그래서 전 똑 부러지게 말했습니다.

"아니 박 선생님, 선생님께서는 지금 많은 돈을 모으신 것도 아니고 지금 보다 더 열심히 사셔야 될 분이 그 돈 조금 모았다고, 월급 좀 많이 탔다고 벌써 배부른 소리 하시는 건가요? 이래서야 계속 돈이 오겠습니까?"

"그리고 박 선생님이 본업을 등한시한 것 가지고 왜 사모님을 뭐라고 하세요. 패자들의 생각은 적장을 공격하지 못하고 집에서 아내를 힘들게 하는 것입니다. 차라리 저 같으면 적장을 공격하지 아내를 힘들게 하지 않겠습니다. 제가 보기에는 박 선생님의 핑계입니다."

"…"

그러자 "너무나 좋은 말씀에 감사합니다. 저에게 필요한 것은 교수님의 날카로운 말씀이었던 것 같습니다. 정말 그러네요. 못난 저를 뭐라고 해야지 왜 우리 가족들을 뭐라고 하였는지. 암튼 열심히 하겠습니다." 그리고 자리를 마쳤습니다.

그날 이후 그분이 달라지시기 시작하였습니다. 술도 적게 마시고 오로지 사업을 위하여 영업을 위하여 돈을 벌기 위하여 노력에 노력을 다하셨습니다. 물론 실적도 엄청나게 올라가서 다음 달에는 월급이 1천만 원대로 다시 진입하였다는 반가운 말씀을 하셨습니다.

언제 우연히 이분을 또 만나게 되었는데요, 그분의 눈에선 핏빛이 서려 있었습니다. 오른쪽 눈에 피곤함과 열심히 일함과 열심히 해서 돈을 벌어야한다는 열정으로 인하여 눈에 핏줄이 터져있었던 것이지요. 살아가면서 눈에 핏줄 터진 사람을 10여 명 보았습니다. 그분께 전 이렇게 말하였습니다.

"눈에 핏발이 설 정도로 열심히 하시면 반드시 성공하실 것입니다!"

맞습니다. 스스로가 변화하려고 노력하지 않는다면 성장이 있을 수 없습니다. 여러분께 묻겠습니다. 여러분의 눈에는 핏줄이 터질 만큼 열심히 하신 적이 있습니까? 돈을 벌고 싶다면, 부자가 되고 싶다면, 먼저 눈에 핏빛이 날 정도로 열심히 본업에 온 힘을 다해보시길 바랍니다.

CHAPTER 4
머리 터질 만큼
일을 해 보았나요?

"늘 명심하라. 성공하겠다는 너 자신의 결심이
다른 어떤 것보다 중요하다는 것을."
-에이브러햄 링컨

부자라고 한다면 대다수의 사람이 긍정적인 이미지보다는 부정적인 이미지가 더 강하게 자리 잡은 듯합니다. 하지만 요즘의 경우에는 서민들 조차도 부자학, 재테크에 많은 관심을 가지고 있습니다. 서점에 가면 돈 번이야기와 투자이야기와 재테크에 관련된 책들이 들판에 잘 익은 벼처럼 많습니다.

이러한 부자들에 관한 이야기나 재테크에 관련된 이야기를 보자면 평범한 사람들 관점에서 정작 중요한 '어떻게 하면 부자가 될 수 있는가'라는 이야기에 대해서는 그다지 많은 내용이 없습니다. 외국에서 MBA 공부를 하여 국내에서 연봉 수억을 버는 사람들의 이야기나 좋은 대학교를 나와서 금융회사에서 수백억 대를 굴리는 펀드매니저나 주식 투자로 돈 벌었다는 이야기와 부동산 투자해서 주택 몇백 채를 샀다는 이야기, 경매로 돈 벌었다는 이야기 등이 주를 이룹니다. 이러한 책들은 읽기에는 쉬우나 읽고 나서는 그다지 남는 것이 없어 보입니다. 마치 잘 익은 남의 열매라고 할까요? 왠지 모르게 나와는 다소 동떨어진 느낌이 드는 것이 사실입니다. 대중 속의 고독이라고 할까요? 남들은 이렇게 해서 돈을 벌었고, 남들은 저렇게 해서 돈을 벌었다고는 하지만 정작 나에게 남는 것은 남들은 앞서 가는데 나는 왜 이렇게 뒤처지나의 느낌뿐입니다.

사실 솔직히 이야기하면 여러분이 유학까지 갔다 올 정도이면 이런 부자가 되지 말라는 법이 어디에 있겠습니까? 젊은 사람이 수백억 원을 굴린다고 한다면 젊은 사람이 자수성가하여 수백억 원을 벌었단 말입니까? 주식펀드매니저들이 성공하였다고는 하지만 펀드매니저들이라고 해서 다 성공하는 것은 아닐 것입니다. 중요한 것은 그 책을 사보는 사람은 외국 유학 갈 정도의 돈이 없으며 수백억 원을 굴릴 돈도 없으며 그렇게 잘난 집안에 타고난 사람들도 아니며 주식 투자할 정도의 여유나 부동산 투자할 정도의 여유가 있는 사람들이 대부분 아니라는 사실입니다.

더 솔직히 표현하자면 지금 여러분은 '부자가 되겠다.'라는 의지만 가지고 싶은 것이지 누가 이렇게 투자해서 돈을 벌었다는 영웅담을 원하는 것은 아닐 것입니다. 따라서 그러한 책들을 읽고 나면 읽을 때는 괜찮고 때로는 밑줄 쫙 치면서 읽어 보지만, 다 읽고 나서는 독자들 자신의 행동이 변화되기 어렵습니다.

물론 책은 책일 뿐입니다. 책을 읽는다고 해서 다 변화되거나 다 성공하지는 않습니다. 마치 훌륭하신 선생님께 수업을 받았다고 학생들이 모두 공부 잘하지는 않는 것 하고 같은 이치입니다.

하지만 '부자학'이라는 게 있습니다. 돈에 대한 열망과 부자의 꿈에 대한 열정, 그리고 찢어지게 가난했던 서민들이 차츰차츰 부자의 과정에 들어선 이야기들을 실질적으로 더 많이 원할 것으로 생각합니다. 부잣집 아들들이나 수백억 원을 관리하는 사람들의 경험담이 아니라, 가난했지만 서민들이 자수성가하여 부자의 꿈을 이루어 가는 그러한 눈물겨운 과정을 읽을 때 진심으로 가슴에서 우러나오는 부자의 꿈을 이루기 위하여 행동하게 된다고 생각합니다.

필자가 대학에 다닐 때 학교에서 상당히 멀리 떨어진 포장마차가 있었습니다. 그 포장마차의 칼국수가 무척이나 맛이 있어서 짧은 점심시간임에도 불구하고 그 곳으로 자주 칼국수를 먹으러 갔었습니다. 정말 비좁고 어수선한 느낌의 가게였습니다. 하지만 주인 여 사장의 다정다감한 말솜씨와 음식의 맛으로 인하여 자주 찾아가게 되었습니다. 그런데 필자가 군 제대 후 그 가게는 학교에서 가장 가까운 자리로 옮겨져 있었습니다. 또한 옆의 식당을 사서 확장 공사까지 해서 더 크게 차렸으며 학교 근처의 대형 호프집과 주점까지 인수하여 자제분에게 그 사업을 운영하도록 위임하였습니다. 그분에게 이렇게 성공한 비결을 물어보았습니다.

"내가 어떻게 이렇게 됐냐고? 내가 뭐 특별한 게 있나. 매사에 감사할 따름이지. 예전에는 정말 돈이 없었어. 아이들 아빠랑 사별하고 어떻게 하면 애들을 키울까 걱정이 이만저만이 아니었지. 주머니를 보니까 단돈 1천5백만 원밖에 없더라고. 그래서 음식 장사라도 해서 입에 풀칠이라도 해야 겠다는 각오로 돈을 벌기 시작했어. 그때 나에게는 오로지 일 밖에 없었어. 피곤해 쓰러진 적도 있었는데 병원에서는 나보고 며칠이라도 쉬라고 하지만 장사하는 사람이 어떻게 쉬어. 그냥 죽을 각오로 나오는 거야. '일하는 사람이 쉬면 죽는다.'라는 말이 있듯이, 나처럼 남편 복 없고 일 복 있는 사람들은 머리 터지도록 일해야 해. 안 그러면 제명에 못 살아. 요즘 사람들 먹고살기 어렵다고는 하지만 나를 봐. 머리 터지도록 노력하고 하니까 먹고 살잖아."

머리 터지도록 일을 하세요. 이분의 말씀은 간단명료했습니다. 머리터지도록 일을 한다면 무슨 일이든 성공할 수 있다는 말입니다. 그러면 무엇을 머리 터지도록 할 것인가가 문제인데요, 대부분의 사람은 "나도 머리가 터지도록 어떤 일을 하고 싶다." "나도 새로운 일만 있어도 열심히 하겠다." "나도 돈 버는 다른 일을 하고 싶다."라고 말합니다. 현재의 일에 온 힘을 다하지 아니하고 이 일이 아닌 다른 일을 꿈꾸고 있는 것이지요. 하지만 머리 터지도록 일하라는 이야기는 바로 '현재의 일'을 그렇게 하라는 의미입니다.

꿈꾸지 마세요. '이 일 말고 다른 일이 있다. 이 일 말고 돈 버는 일은 따로 있다. 이 직장 말고 다른 직장을 구하고 싶다. 이 일 말고 재테크해서 돈을 벌고 싶다.' 이런 생각들은 돈 벌기 힘든 생각입니다. 돈을 벌고 싶고, 성공하고 싶고, 부자가 되고 싶다면, 싫든 좋든 현재의 일에 온 힘을 다해야 합니다. 현재의 일에 혼魂을 바치지 않고는 아무것도 가질 수가 없습니다. 앞서 이야기한 식당 주인도 작은 포장마차에서 시작하여 큰 식당과 대형호프집과 주점까지 경영하지 않습니까? 만약 이분이 포장마차에 온 힘을 다하지 않았다면 결코 지금의 자리에 설 수 없었을 것입니다.

성공하고 싶고, 돈을 벌고 싶다면, 자신의 일에, 오늘에 온 힘을 다해야 됩니다. 대한민국의 부자들이나 세계의 부자들의 기본 중의 기본은 자신의 일에 온 힘을 다한 사람들입니다. 자신의 일에 온 힘을 다하지 않는 게으른 자는 결코 부자가 될 수 없다는 말입니다. 자기 일에 혼을 바치지 아니하며 뜬구름잡기식의 꿈만 꾼다면 결국 아무것도 가질 수 없을 것입니다. 서점을 배회하며 독서실을 전전하며 성공한 사람들의 이야기만 열심히 읽는 사람이 되고 말 것입니다. 현인이 찾아오기만을 기다리며 공부를 한다면 결국 계속 이런저런 공무원 시험 준비만 하다가 인생이 어렵게 될 것입니다. 솔로몬의 잠언에 이런 구절이 있습니다.

손이 부지런한 사람은 재산을 모으고
손이 게으른 사람은 가난해진다.

손이 부지런한 사람은 남을 다스리지만

손이 게으른 사람은 남의 부림을 받는다.

이렇듯 솔로몬의 〈잠언〉에서도 손이 부지런한 사람은 재산을 모은다고 하였듯이, 대한민국의 부자들은 남들보다 더 열심히 일하고 온 힘을 다하는 사람들입니다. 지금 당장 현재 하는 일에 죽을 각오로 임하기 바랍니다. 일이 이기나 내가 이기나 시합을 하기 바랍니다. 죽을 각오로 열심히 일하지도 아니하고 뭐가 이래서 못하고 뭐가 저래서 못하니 등의 핑계를 대지 마세요. '핑계는 가난뱅이의 옷이고 땀방울은 부자의 옷'일 뿐입니다.

CHAPTER 5

반드시 돈 벌 수밖에 없는 돈 잘 버는 습관 세 가지

제 1규칙: 절대 돈을 잃지 않는다.
제 2규칙: 절대 1규칙을 잊지 않는다.
-워렌 버핏

우리 주변에는 돈을 잘 버는 사람이 있는 반면에 또 열심히 하는 것 같은데도 돈을 못 버는 사람들이 있습니다. 그러면 그 차이점은 무엇일까요? 바로 습관의 차이입니다. 어떠한 습관을 지니고 있느냐에 따라 돈이 달라붙는 사람이 있고 돈이 나가는 사람이 있습니다.

많은 사람들은 꿈이 있어요. 바로 '돈을 많이 버는 꿈'이죠. 돈을 많이 번다는 건 모든 사람의 꿈입니다. 우리 부모님들도 그렇고 우리 할머니, 할아버지들도 그러시지요. '돈 벌어라, 돈 벌어라.' 그렇지 않습니까. 또 우리 부모님 세대들은 자녀분들한테 이렇게 말씀하시죠. '빨리 취업해라, 취업해라.' 이 취업하라는 얘기는 빨리 가서 돈을 벌라는 얘기잖아요. '돈을 벌어서 가정을 이뤄라. 그리고 행복하게 살아라.' 이러한 뜻입니다.

'돈을 많이 번다는 것. 그래서 부자가 되는 것.' 이게 많은 사람들의 꿈입니다. 그러나 많은 사람들은 꿈만 꾸지 진정한 노력은 하지 않는 특징이 있습니다. 설령 하루 이틀 꿈을 위해서 노력하다가 쉽게 중간에 끊기고 만다는 것입니다. 결국 꿈은 그냥 꿈이고 성공한 사람들이나 부자들은 나와는 전혀 다른 세계의 사람들이라고 생각하고 마는 것입니다.

그리고 나이 먹어서 이렇게 다른 사람들에게 이야기합니다. '꿈꿀 때가 좋은 때다. 나도 그런 때가 있었다.'라고 말입니다. 그리고 이렇게 넋두리를 하죠. '나는 말이야, 이제 꿈이 없어. 그리고 지금은 그냥 그럭저럭 살아. 죽지 못해 살지 뭐.' 이렇게 말하는 사람이 된다는 것입니다. 이런 사람들에게는 당연히 돈도 외면합니다. 아니, 돈도 그런 사람은 쳐다도 안 본다는 말입니다. 돈도 사람을 가려서 만나고요, 돈도 사람을 가려서 다가가고 돈도 사람을 가려서 돈을 준다는 얘깁니다. 왜냐고요? 돈은 돈이니까요. 돈도요, 좋아하는 사람이 있어요. 또 싫어하는 사람이 있다는 겁니다.

저는 이를 경험을 통해 알게 되었습니다. 수천억 원대 부자들도 만나보고 엄청나게 가난하신 분도 만나서 얘기를 또 나눠요. 그래서 많은 사람들을 만나보니까 돈이 붙는 사람이 있고 돈이 붙지 않는 사람이 있다는 걸 알 수 있었습니다. 한 번은 제가 아주 친분이 있는 그런 사이는 아니고, 우연찮게 알게 된 한 분에게 일을 주게 됐어요. 그런데 처음에는 그 사람이 무척이나 저한테 친절한 거예요. 어떻게 보면 지나칠 정도로 친절했지요.

그리고 본인이 굉장히 많이 아는 듯이 말을 하는 것 같았어요. 또한 저를 위해서 얘기를 하는듯한, 그런 뉘앙스를 굉장히 많이 풍겼습니다.

중간중간 일에 대해서 그 사람한테 물어보면 어떻게 보면 설명은 해주는 것 같아요. 하지만 그러한 설명이 부실하다는 걸 시간이 지나면 지날수록 느낄 수 있었습니다. 그 사람은 그냥 노력도 안 하고, 새로운 정보에 대한 공부도 안 하는 그러한 사람이었던 것이죠. 결국 그 사람의 생각은 저를 통해서 '그냥 돈만 벌면 된다.'라는 것 같았습니다. 마지막 순간까지 이 사람은 일처리가 굉장히 미숙했어요. 그리고 이 사람은 밥 먹듯이 변명했습니다. '이건 말이죠. 저건 말이죠.' 등등의 이야기를 하지만 그러한 말들은 제 눈에 다 보이는 거짓말이었습니다. 지금 이 순간만 모면하고자 하는 그런 소리였지요. 이런 사람에게는 돈이 가까이 갈 리가 없다고 전 생각합니다.

이에 반해서 돈이 오는 사람도 있어요. 그런 사람들과 같이 일하면 왠지 모르게 긍정적인 에너지가 생겨납니다. 그리고 일의 마무리도 깔끔하고요. 이런 사람들의 특징은 다음과 같습니다.

첫 번째는 수준이 있는 친절입니다. 자기를 지키면서 친절을 베푸는 것입니다. '간이고 쓸개고 다 빼주겠다.'와 같은 과한 듯한 친절, 부담이 생기는 친절이 아니라는 말입니다.

두 번째는 정직하다는 얘기입니다. 이런 사람들은 굉장히 정직합니다. 정직함이 눈앞에 바로 보인다고 할까요. '이 사람은 정직하구나. 이 사람은 순수하구나. 이 사람은 상대방에 대한 자기만의 기준과 철학을 확실히 가지고 있는 사람이구나.' 이렇게 누구나 바로 느낄 수 있습니다. 남이 본다고 더 정직한 척하는 게 아니라 남이 보든 안 보든 그냥 기본적으로 이 사람들은 정직합니다.

세 번째는 많이 알고 노력하는 사람이란 겁니다. 이 사람들은 압니다. '조금만 나태해도 본인들이 힘든 삶을 살 수 있다.'는 것을 말입니다. 따라서 일정한 초기 단계까지 도달했다 하더라도 꾸준하게 자기계발을 합니다. 그래서 모든 것에 대해 막힘이 없다는 얘깁니다. 그래야만 사람들이 다가오는 거고 그래야만 돈이 다가옵니다.

그리고 돈을 많이 버는 사람과 돈을 많이 벌지 못하는 사람의 핵심적인 습관의 차이는 바로 '자기의 이익만을 위해서 일하는 것과 타인의 이익을 위해서 일하는 것', 이것입니다. 물론 모든 사람들이 '일을 한다.'라고 한다면 자기를 위해서 일을 하죠. 또한 자기의 이익을 위해서 일을 한다는 겁니다. 일반적인 이야기이죠. 그래서 일반적이기 때문에 큰돈을 벌지 못한다는 겁니다. 왜? 자기만을 위하니까요. 그러니까 자기만을 위한 그릇이 그것밖에 안 되기 때문에 큰돈을 벌지 못합니다.

'큰돈을 버는 것. 돈을 많이 버는 것.' 그것은 바로 마음에 달려있습니다. 자기만을 위한 일이 아니라 타인의 만족과 타인의 이익을 위해서 일을 하는 것. 결국 그러한 은덕들이 모이고 모여서 본인에게 다시 돌아옵니다. 그것을 이 사람들은 안다는 것입니다. 이러한 은덕이 다시 돈으로 나한테 다가올 때는 더 큰 돈으로 다가온다는 얘기입니다. 돈이 오는 사람의 습관은 다음과 같습니다. 수준이 있는 친절한 습관과 정직한 습관, 많이 알고 노력하는 습관이에요. 그리고 자기보다는 타인의 이익을 위해서 노력합니다. 이러한 습관이 바로 사람을 끌어당깁니다. 사람을 끌어당긴다는 것은 결국 돈을 자기 쪽으로 끌어당기는 것이죠. 그리하여 이런 사람들은 늘 사람들과 함께하고 오래간다는 얘기예요. 또한 사람이 사람을 서로가 서로를 위하여 도움을 주려고 노력한다는 거죠. 그리고 이러한 관계에서 돈들이 무럭무럭 자라나고 이러한 관계 속에 돈들이 떠나지 않는다는 얘깁니다.

돈이 오는 습관. 그것은 바로 친절, 정직, 지식과 지혜, 그리고 지금보다 더 나은 미래를 위해 공부하고 노력하는 것. 그리고 나와 타인을 위하여 노력하는 습관. 이러한 습관이 생겼을 때 돈이 당신에게 온다는 얘깁니다. 이러한 돈이 올 때 습관이 어느 정도 형성되었느냐에 따라서 큰돈과 더 큰 돈이 당신이 가진 습관의 양에 따라서 그러한 큰돈이 다가온다는 얘기예요. 그러니 이왕이면 큰 부자가 되기 위해서 노력해야 하지 않을까요? 지금이라도 늦지 않았단 얘깁니다. 지금이라도 좋은 습관을 가지고 나와 타인위해서 좀 더 노력하고 봉사하며 타인의 이익을 위해서 노력하는 그런 습관을 지니시기 바랍니다.

'큰돈을 버는 것, 돈을 많이 버는 것.' 그것은 바로 마음에 달려있습니다. 자기만을 위한 일이 아니라 타인의 만족과 타인의 이익을 위해서 일을 하는 것, 결국 그러한 은덕들이 모이고 모여서 본인에게 다시 돌아옵니다.

CHAPTER 6
무조건 돈 버는
황금의 다섯 가지 법칙

가장 중대한 자유는 오직 하나다.
그것은 경제적인 자유다.
- 서머셋 모옴

《바빌론 부자들의 돈 버는 지혜》라는 책에서는 황금의 다섯 가지 법칙이 나옵니다.

첫 번째, '수입의 10퍼센트 이상을 꾸준히 저축하는 사람에게 황금은 기꺼이 찾아올 것이다.'입니다. 이렇게 한다면 곧 그와 가족의 행복한 미래까지 보장해주는 커다란 재산으로 커 갈 것입니다. 예를 들어서 한 달에 300만 원을 번다면, 무조건 30만 원 이상은 반드시 저축하라는 얘기죠. '저축하지 아니하고 우리가 투자를 통해서 부자가 될 수가 있다.' 그런 의미는 아닙니다. 또 저축하라고 하니까 또 5년짜리, 10년짜리로 장기 적금을 드시는 경우도 많은데요, 그렇게 장기 적금을 들었다가 중간에 무슨 일이 생기면 적금을 해약할 가능성이 커집니다. 아시다시피 적금이나 예금을 해약하게 되면 이자가 많이 줄어들지 않습니까? 따라서 적금을 하신다면 1년 단위로 짧게 기간을 정하시는 것이 좋습니다. 또한 적금 통장 30만 원 하나를 만드는 것보다는 10만 원 단위의 통장 3개를 만든다면 생각하지 못한 지출이 생겼을 때 요긴하게 사용할 수 있습니다. 아무튼 중요한 것은 어떤 경우든 수입의 10퍼센트 이상은 꾸준히 모으는 습관을 지녀야 한다는 것이지요.

두 번째, 황금을 안전한 곳에 투자하세요. 황금을 안전한 곳에 투자해야지 황금은 꾸준히 늘어나고 나중에는 들판에 양떼처럼 급속히 늘어날 것입니다. 나중에는 들판의 양떼들처럼 급속하게 늘어날 것입니다. 내가 가지고 있는 황금이 저 들판에 있는 양 떼들처럼 수가 그렇게 증가된다면 정말 행복하겠죠. 그런데 여기서 조건이 있습니다. 황금을 불안전한 곳에 투자할 때가 아니라 '황금을 안전한 곳에 투자할 때 증가한다.'는 얘기입니다. 예를 들어, 불안전한 곳은 어디가 있을까요? 바로 '고수익을 담보하겠다, 1년에 수익 50퍼센트, 100퍼센트를 주겠다. 어떤 경우는 2년 안에 개발 안 되면 내가 투자한 금액의 두 배를 주겠다.' 이런 게 전형적인 불안전한 투자처가 되겠죠. 그런데 우리는 욕심을 가지고 이런 불안전한 곳에 소중한 돈을 집어넣습니다. 그러면 들판에 있는 양떼들처럼 황금이 증가하지는 않고 오히려 들판에 홀로 서 있는 병든 소나무처럼 될 수도 있다는 겁니다. '안전한 곳에 투자할 때 황금이 꾸준히 늘어난다.'라는 사실을 늘 기억하세요. 단기적인 고수익, 시세보다 지나치게 저렴한 급매물, 수익을 보장한다는 그런 말에 현혹되어 투자하신다면 결국 돈만 잃고 말 것입니다.

세 번째, 지혜와 경험을 갖춘 사람의 조언을 받아서 황금을 투자하는, 신중한 사람만이 황금을 지킬 수 있습니다. 지혜와 지식 그리고 경험을 갖춘 사람에게 조언을 받아서 황금을 투자하는 그런 신중한 사람이 되라는 것입니다. 많은 분들에게 상담을 해드리고 또 많은 분들이 '잘못 투자했는데 어떻게 문제를 해결할 방법이 없는가'에 대하여 많은 상담 문의를 하십니다. 이런 분들은 '돈을 벌겠다'는 욕심만 가득할 뿐 투자에 관한 지혜와 경험을 갖춘 사람의 조언을 받지 아니하고, 본인 생각에 의해서 섣부른 투자를 했다라고 볼 수 있겠습니다. 따라서 투자에 앞서서 여러분 주변에 경험과 지혜를 갖추신 분에게 한번쯤 자문받고 투자하는 것이 안전하게 여러분의 재산을 지키는 길입니다.

네 번째, 본인이 잘 알지 못하는 분야나, 전문가가 추천하지 않는 분야에 투자하는 사람은 황금을 지킬 수 없을 것입니다. 이 얘기도 앞서 세 번째 얘기와 비슷한 얘기네요. 먼저 본인이 모르는 투자 종목에 투자를 할 경우에는 거의 대부분 손실이 발생한다는 말입니다. 또한 여러 전문가들이 추천하지 않는 종목에 투자한다거나 '이러이러한 투자처는 조심하라'는 곳에 투자한다면 결국 '투자 손실'이 발생할 가능성이 큽니다.

다섯 번째, 일확천금을 꿈꾸거나 사기꾼의 달콤한 감언이설을 좇고 있거나 자신의 미숙함을 깨닫지 못한 채 덧없는 욕망에 사로잡힌 사람은 결코 황금을 손에 쥘 수 없을 것입니다.

어떤 경우는 20~50평. 요즘 들어서는 5~15평짜리 땅도 기획부동산에서 팔고 있습니다. 또 어떻게 본다면 공유지분으로 토지 투자를 유혹하는 내용이 많이 있습니다. 10,000평 땅을 팔기에는 많은 부담이 있습니다. 이에 10,000평의 땅을 50평씩 분할해서 팔면 그 땅이 쉽게 팔 수 있기 때문입니다. 이와 유사한 사기들도 주변에 많이 있습니다. 《바빌론 부자들의 돈버는 지혜》에도 나와 있듯이, 투자에서는 지나친 욕심을 가지지 마시고요, 안전하면서도 마음 편한 그런 투자처를 찾아 돈을 불리길 바랍니다.

CHAPTER 7

누구나 쉽게 따라할 수 있는 부동산 투자의 다섯 단계

일은 내가 이 땅에서 얻는 유일한 즐거움이다.
저승사자가 나를 찾아왔을 때도 나는 바쁘게 일하고 있을 것이다.
내일 죽는다고 해도 나는 오늘 할 일을 할 것이다.
-스티븐 지라드

세상에는 많은 투자가 있습니다. 좋은 투자, 나쁜 투자, 대박 투자, 쪽박 투자, 분수에 넘치는 투자 등등이 있죠. 이 중에서 여러분이 좋아하는 투자는 어떤 투자일까요? 뭐, 당연히 물어보나 마나죠. 여러분은 항상 좋은 투자를 원하실 것 같고요. 또 이왕이면 대박 투자를 원하실 것 같아요. 그렇지가 않나요? 맞아요. 누구나 다 좋은 투자, 또 대박 투자, 또 수익이 많이 나는 투자, 그런 투자를 누구나 다 원합니다. 그런데 이 세상에서 원하는 만큼 다 가질 수 있다고 하면 얼마나 행복한 세상이 될까요? 그렇죠? 원하는 것을 다 가지는 세상은 이 세상에는 없습니다. 또한 인간의 욕심이라는 게 한도 없고 끝도 없지 않습니까? 그게 사람이잖아요? 그러다 보니까 누구나 다 이렇게 큰 욕심, 대박의 꿈, 큰 수익을 누구나 다 노리는 것입니다.

하지만 이렇게 대박을 꿈꾸는 순간, 좀 안 좋은 사람들이 자기들의 이득을 위해서 돈 있는 투자자들을 이용하는 사람들, 그런 사람들이 주변에 생기게 된다는 거죠. 그래서 처음부터 너무 대박을 노리고 투자를 한다면 잘못된 사람들로 인해서, 또 잘못된 본인 자신의 판단으로 인해서 투자가 실패할 가능성이 크다는 것입니다. 그래서 우리는 항상 단계별로 투자를 해야 합니다. 부동산 투자 단계를 모르고 이 단계를 무시하고 본인만의 투자를 할 경우에는 위험이 발생할 확률이 굉장히 높아진다는 말입니다.

지금의 시대에서는 30대가 영끌(영혼까지 끌어 모아서 부동산 투자)까지 하면서 부동산에 투자를 하고 있습니다만, 부동산 투자라는 것은 내가 현재 여유 자금을 가지고 하지 않습니까?

부동산 투자의 그 결과는 두 가지 형태로 나누어집니다. 첫 번째로 보면 '부동산 투자를 했는데 내가 성공한 투자를 했어. 서울 아파트를 샀는데 이득을 봤어. 난 여유자금 5천만 원으로 투자했는데 그게 벌써 1억이 올랐어.' 그럼 행복하잖아요? 어떻게 보면 성공 투자라고 볼 수 있겠죠. 이처럼 우리 주변에 성공한 투자자들이 분명히 있습니다.

하지만 우리 주변에는 부동산 투자를 했는데 실패한 결과를 얻은 이들도 있습니다. 그러면 왜? 부동산 투자를 했는데 어떤 사람들은 성공하고 어떤 이들은 실패할까요? 먼저 부동산 투자를 한 후 성공한 사람들을 살펴보면 안전한 투자를 선호해요. 많은 욕심을 부리지도 않아요. 소소한 욕심으로 그냥 투자했는데 나중에 결과는 어떻게 보면 대박을 노리는 사람보다 더 대박이 나는 경우가 있습니다. 처음부터 큰 욕심을 부리지 않으니까 마음, 정신, 육체적으로 여유가 있습니다. 편안한 투자를 한다는 이야기죠. 그러다 보니까 수익이 나더라도 적은 수익으로 얼른 팔고, 이런 행위를 반복적으로 하지 않는다는 거예요.

적은 수익이 나면 '언젠가는 더 오르겠지, 또 중간 정도 수익이 나면 언젠가는 더 오르겠지, 큰 수익이 나면 지금 수익보다 더 오르겠지' 하면서 그냥 가지고 있는 확률이 높다는 거예요. 그게 시간이 쌓이고, 쌓이고, 쌓여서 투자 수익도 쌓여가지고 결론은 성공한 투자, 부자가 되는 투자가 됩니다. 또 부동산 투자를 통해서 성공한 사람들 특징을 보면 돈보다는 사람을 더 중시한다는 거예요. 사람한테 잘하고, 세입자한테 잘하고 중개업소 사장한테 잘한다는 것입니다. 또 자기의 이득만을 추구하는 것이 아니라 다른 사람과 더불어 잘살아가는 그런 성향이 있는 사람들이 부동산 투자도 성공하게 됩니다. 이처럼 사람을 중시함으로써 나중에 더 큰돈을 벌 가능성이 큽니다. 그러다 보니까 성공한 사람들 특징을 보면 기본에 충실하다는 거예요.

이에 반해 부동산 투자에 실패한 사람들의 특징을 보면 일단은 대박을 꿈꿔요. 대박에 대한 욕심을 대부분 가지고 있다는 것입니다. 그러다 보니까 이런 사람들한테는 초대박을 유혹하는 안 좋은 사람들이 꼬이게 됩니다. 이러한 투자의 결과는 물어보나 마나 실패로 돌아가게 되어있습니다. 그래서 부동산 투자를 잘한다는 것은 '기본에 충실해야 한다.' 즉, 자신의 눈높이에 맞추고 고위험 고수익 투자 보다는 저 위험 안전한 수익을 내는 것에 관심을 가지셔야 한다는 말입니다. 또한 부동산은 투자해서 수익이 날 수도 있지만 손실이 발생할 수도 있다는 사실을 꼭 명심하시길 바랍니다. 따라서 이왕이면 안전하고 기본에 충실한 투자를 하셔야 된다는 말입니다. 그렇다면 지금부터 부동산 투자의 단계에 대해서 하나씩 하나씩 공부를 해보겠습니다.

부동산 투자의 1단계는 바로 '내 집 마련'입니다. 내 집도 없으면서 상가에 투자한다? 테마 상가에 투자한다? 상가를 분양하는데 분양 가격이 5억 원인데 은행 융자가 2억5천만 원, 세입자의 보증금 1억 5천만 원 받고 1억만 투자하면 한 달에 300만 원, 400만 원 월세가 들어온다. 이런데 혹한다는 얘기예요. 또 내 집도 없는 상태에서 경매 투자를 한다. 경매 중에서도 위험물건을 투자해야지 수익이 더 많더라. 이런 이야기에 경매에 관한 지식도 없는 상태에 법정지상권이니 유치권 등등의 위험 물건에 투자하여 결국 원금도 찾지 못하는 숱한 경우를 보아왔습니다. 또한 내 집도 없으면서 토지에 투자한다? 뭐 개발 이슈가 있다, 고속도로가 생긴다, 신도시가 들어온다, 기타 등등의 이유로 알지도 못하는 땅을 사는 경우도 보아왔습니다,

시간이 지난 후에는 그러한 계획은 계획일 뿐일 경우들이 더 많아서 결국 땅에 돈이 묶이는 경우와 심지어 평당 10만 원짜리 땅을 개발 이슈에

의한 40만 원, 60만 원에 사서 수십 년이 지나서야 원금이 돌아오는 경우를 많이 보아왔습니다. 상가, 경매, 토지, 오피스텔, 다세대, 다가구, 수익형 부동산 등등에 투자하기 이전에 모든 부동산 투자의 기본 중의 기본은 역시 내 집 마련입니다. 일단은 내 집 마련부터 하셔야 합니다. 처음에는 월세로 살다가 형편이 좀 나아지면 반전세, 돈을 더 모으게 된 경우에는 전세, 그리고 내 집 마련하는 단계를 거치면 됩니다.

부동산 투자의 2단계는 '소형 아파트의 매수'입니다. 소형 아파트를 매수하라고 하면 "돈도 없는데 어떻게 소형아파트를 매수하나?"라고 생각하는 사람들이 많이 있을 것입니다. 여기서 말하는 소형 아파트는 전용면적 59㎡ 이하의 아파트를 말합니다. 이러한 소형 아파트를 매매할 때에는 부동산 지렛대 효과를 이용한 투자를 하면 됩니다. 매매 금액이 2억 원인데 전세 금액은 1억7천만 원이다, 그러면 실제 투자 금이 3천만 원입니다. 이 3천만 원은 비교적 소액이지 않습니까? 그런데 이런 소액으로 작은 아파트를 살 수 있습니다. 이런 소형 아파트의 장점으로 본다면 다음과 같습니다.

첫 번째는 소액 투자가 되겠죠. 두 번째는 전세 놓기가 쉬워요. 작은 아파트니까. 전세에 대한 회전이 수요가 많다고 볼 수가 있겠죠. 그리고 부동산 상승기가 되면 부동산 가격이 올라가는 것이고 부동산 하락기가 된다고 하더라도 비교적 다른 상가나, 토지, 비싼 고급 아파트들에 비하여 매매 가격의 떨어지는 폭이 비교적 크지 않습니다. 또 여차하면 본인이 들어가서 살아도 됩니다. 다만 꼭 명심하셔야 할 부분은, 전세금이 하락할 경우를 대비해서 여유 자금으로 꼭 현재 전세금의 20퍼센트 정도의 자금을 확보해두시고요.

이런 소형 아파트를 소위 말하는 '전세 안고 매입하기'를 하다 보면 매매의 흐름, 또 전세의 흐름을 알 수가 있습니다. 또 앞서 말씀드린 것처럼 세금, 취득세가 됐든, 보유세가 됐든, 양도소득세가 됐든, 또 은행에서 대출에 대해 좀 더 많은 대출금을 받는 방법과 좀 더 이자를 낮추는 방법, 이런 부분에 대해서 알 수 있게 됩니다. 중개업소에 대해서도 '어떤 데는 가고 어떤 데는 가면 안 되겠구나.'라고 알 수가 있다는 거죠. 이러한 과정을 통해서 부동산에 대한 실전 감각이 생깁니다.

부동산 투자의 3단계는 '아파트를 분양받는 것'입니다. 청약 통장을 이용한 새 아파트를 분양받는 거죠. 그리고 내가 분양을 받지 못할 경우 그래도 저 아파트는 정말 매력적이야, 그러면 새 아파트의 분양권을 프리미엄을 주고 사고팔고를 하는 단계를 거쳐야 한다는 얘기죠. 그렇게 됨으로써 청약 통장의 소중함을 알 수 있게 됩니다. 또 사람들이 왜 청약 통장에 가입하고, 왜 사람들이 분양을 받고, 왜 분양권을 프리미엄을 주면서까지 사는지, 직접 체험을 한번 해볼 수가 있다는 거죠. 그리고 최종적으로 아파트 입주하는 시점이 되면 역시 아파트 시세가 올라가더라, 이런 걸 몸소

배울 수가 있다는 얘기죠. 거기다가 분양의 절차에 대해서, 또 분양권에 관련된 세금, 또 분양권에 관련된 중도금, 대출이나 잔금 대출 등등 이러한 과정을 통해서 결과적으로 부동산 내공이 또다시 생기게 됩니다.

부동산 투자의 4단계는 '월세 수입 받기'입니다. 이제 1단계하고 2단계, 3단계를 거치면서 우리는 일정한 자금들이 축적이 되는 것이죠. 또한 알게 모르게 부동산에 관련된 지식과 지혜 등도 축적이 되어온 과정을 밟게 됩니다. 그다음 단계에 월세를 받는 곳에 투자를 해야 한다는 이야기입니다. 그러면 월세를 받는 곳이라면 대표적으로 오피스텔이 생각이 나겠죠. 그리고 도시형 생활 주택이나 상가, 수익형 부동산 등이 떠오르실 것입니다.

하지만 여러 가지 수익형 부동산은 공실에 대한 위험이 도사리고 있습니다. 또한 시세 차익이 발생하지 않을 가능성이 큽니다. 따라서 부동산 투자 4단계에서 월세 받기는 뭐니 뭐니 해도 소형 아파트가 되겠죠. 소형 아파트를 사서 월세를 받는다면, 매달 월세 수입도 발생이 되고 아파트 시세 차익도 생기며 공실에 대한 위험이 다른 수익형 부동산보다 현저히 낮으므로 이만한 투자처가 없다는 말입니다. 가능하다면 월세 나오는 아파트를 한 채, 한 채 더 사 모은다면 노후 대비도 자연스럽게 될 수 있습니다. 또한 이러한 과정을 통해서 세입자를 관리하는 방법을 터득할 수가 있고요. 또 중개업소와 은행 직원을 관리하는 방법을 알게 됩니다. 이왕이면 더 좋은 아파트를 소개해 달라고 할 수도 있고, 좀 더 많은 대출금을 받을 요령과 은행 이자를 낮추는 방법까지 터득할 수 있습니다. 이러한 4단계를 지나게 된다면 여러분은 부동산에 관련된 내공이 상당히 높아짐을 알 수가 있을 겁니다.

부동산 투자의 5단계는 '토지 투자'입니다. 토지 투자는 여유 자금을 가지고 장기적으로 하는 것입니다. 토지 투자는 1년, 2년을 바라보고 하는 것은 아닙니다. '이 돈 없어도 돼, 이 돈 내가 잊어버렸다' 생각하고 장기적 안목으로 투자를 한 뒤 20년, 30년 뒤 그 결과를 보서야죠. 내 때에는 이 토지가 대박이 안 나도 되는데 자식 때에는 좀 대박이 났으면 좋겠어, 그러한 길게 보는 마음으로 토지에 투자해야 한다는 얘기예요. 개발 이슈가 있다, 철도가 들어선다, 지하철이 들어선다, 기타 등등, 혁신 도시가 됐든, 행정수도가 됐든, 기타 등등, 전국적으로 얼마나 많은 토지에 관련된 호재가 많습니까. 그런데 앞서 말씀드린 것과 같이 그 호재가 100퍼센트 다 이루어진다고는 말할 수 없습니다. 토지 투자는 100퍼센트라는 단어가 없어요. 하지만 그냥 길게 보고 '이 돈 없어도 살 수 있어.' 이런 마음으로 투자한다면 의외로 그 지역이 개발되고 아파트가 들어서거나 산업단지가 들어서면서 땅값이 급등하게 됩니다. 이처럼 토지는 여유 자금을 가지고 장기적으로 길게 보서야 합니다.

'바늘허리 메어 못쓴다.'는 말이 있죠? 모든 일에는 역시 순서와 절차가 있는 법입니다. 따라서 순서대로 하셔야 해요. 1단계, 2단계를 거치지 않은 사람이 바로 5단계로 넘어갔다, 그러면 기획 부동산에 토지를 사기당하고 토지로 인해서 고통을 받는다는 얘기예요. 그렇지가 않나요? 1단계도 준비가 안 된 사람이 갑자기 4단계에서 월세 받는다고 하면서 상가를 샀을 때 잘못 투자하기 쉽습니다. 오피스텔을 샀다가 잘못 투자하게 됩니다. 그래서 하나씩 하나씩 단계를 밟아나감으로써 당신이 부동산에 관련된 지혜와 지식과 내공을 넓히세요. 그러면 바르고 현명한, 그리고 좋은 투자를 할 수가 있습니다. 급하지 않게, 그렇다고 안주하지 마시고 천천히 앞으로도 내공을 쌓아 가시기 바랍니다.

CHAPTER 8
돈을 벌고 싶거든
머니파이프라인의 씨앗을 뿌리세요

지식을 얻으려면 공부를 해야 하고,
지혜를 얻으려면 관찰을 해야 한다.
-마릴린 보스 사번트

"어떻게 하면 성공합니까? 저 꼭 성공해야 합니다."

"교수님, 저 어떻게 하면 돈을 많이 벌 수 있을까요? 돈 버는 방법 좀 알려주세요."

"돈 많이 번 부자가 되기 위해서는 어떤 공부를 어떻게 해야 할까요?"라는 질문을 많은 분들이 메일이나 문자, 카카오톡 메시지 등을 통하여 하십니다. 늘 그렇듯이 서민들은 누군가에게 정답을 요구합니다. 자신이 궁금한 것이 있으면 스스로 정답을 찾기 이전에 누군가에게 물어봄으로써 자신의 소임을 다한 것으로 착각하고 있는 것이지요. 제 개인적인 생각으로는 이러한 현상은 어릴 적부터 받아온 주입식 교육의 효과라고 봅니다. 우리는 어릴 때부터 부모님께 늘 이런 말을 들으면서 성장하였죠.

"공부해야지 성공한다. 공부해라."

"공부해서 남 주느냐? 다 너를 위해서다. 공부해라."

어떤 부모님도 '왜 공부를 해야 하는지'에 대하여 그리고 '어떻게 공부해야 되는지'에 대한 명쾌한 답변을 주시지는 아니하고 우리에게 그냥 무조건 공부하라는 말씀만 하셨습니다. 수십 년이 지난 지금도 그렇지 않겠습니까?

부자가 되는 방법, 돈 버는 방법도 마찬가지입니다. 부자가 되면 좋다는 사실을 모르는 사람이 어디에 있겠습니까? 부자가 되면 좋다는 사실은 애들도 다 아는 사실이겠죠. 하지만 부자가 되기 위해서, 돈을 벌기 위해서, 번 돈을 어떻게 관리하고, 어떻게 키울 것인가에 대한 방법에 대하여 말씀해주시는 사람이 주변에 많지 않다는 것이 사실입니다.

그렇다면 어떻게 해야 부자가 될까요? 부자가 되는 가장 쉬운 방법은 먼저 '자기의 일에 최선을 다하는 것'입니다. 자기의 일에 온 힘을 다하지 아니하고 다른 일을 꿈꾼다거나 이직移職을 생각한다거나 엉뚱한 망상을 생각한다면 부자의 길에 들어서기가 어렵습니다. 또한 최소한의 자기의 일자리도 없으면서 부자가 되겠다는 것은 하나의 욕심일 따름입니다. 욕심은 결국 더 큰 욕심을 낳고 더 큰 욕심은 결국 사람을 파탄에 빠뜨리게 됩니다.

평범한 사람들의 대다수는 자신의 일자리에 만족감을 느끼지 않습니다. 어쩔 수 없이 먹고 살기 위해서 다니는 직장의 개념으로 많이 여기고 현재의 자신이 받는 연봉에 대해서는 만족하는 경우가 많지 않습니다. 따라서 대다수 직장인들은 현재에 대한 불만족이 가득하지만 그렇다고 현재의 불만족을 과감하게 떨쳐내고 새로운 일자리를 만들지도 못합니다. 따라서 마음은 먼 곳에 가 있고 현재는 불만족스럽지요. 그렇다고 미래를 준비하지도 않습니다. 다만 '한 방에 내 인생이 확 바뀌었으면 좋겠다.'는 간절한 소망만 있을 뿐입니다.

서울에서 부동산 투자 강의를 마친 후에 한 젊은이가 필자에게 와서 이런 말을 하였습니다. "교수님, 저의 직업은 의료 계통의 전문직입니다. 하지만 월급이 너무 박하여 시골의 부모님께 용돈조차도 제대로 드리지 못하고 있습니다. 밤낮으로 열심히 일하지만 수입이 너무 적거든요. 앞으로도 수입이 좋아질 것 같지는 않습니다. 그래서 부동산 계통으로 이직을 하고 싶습니다. 혹시 부동산 쪽에 취업할 때가 있는지요?"

전형적인 보통 사람의 마인드입니다. 물론 그러한 마음을 제가 이해 못 가는 것은 아닙니다. 하지만 누구는 재테크해서 큰돈을 벌었다. '누구는 부동산 투자해서 큰돈을 벌었다. 누구는 주식 투자 해서 대박 났다.'라는 소리를 듣는 상황에서 자신의 처지가 때로는 비참하게 생각될 것입니다. 하지만 중요한 점은 누구나 다 큰돈을 버는 것은 아니라는 것입니다.

큰돈을 번 사람들의 특징으로는 현재 작은 일에도 온 힘을 다하는 사람들입니다. 부동산이든, 주식이든, 재테크든 처음부터 크게 돈 번 사람이 누가 있겠습니까? 준비된 만큼 노력한 만큼 재테크의 시장에서는 벌어들이는 것입니다. 이에 반하여 서민들은 현재 하는 일을 열심히 하지 않고 새로운 일을 꿈꾸고, 때때로 다른 직업을 꿈꾸며, 한방에 부자되는 무엇인가를 찾기만 하는 것이지요. 그래서 앞서 질문한 젊은이에게 이렇게 답했습니다.

"자네가 현재의 직장을 그만둔다면 누가 자네를 받아 주겠는가? 한 달에 월급 200만 원. 물론 적을 수도 있지만 자네의 젊은 나이에 비한다면 그렇게 적어 보이지도 않네. 오히려 뜬구름을 잡으러 이 직장, 저 직장 왔다 갔다 하다가 월 200만 원 마저도 벌어들이지 못한다면 자네는 부모님께 용돈을 드리기는커녕 부모님의 마음에 상처를 입힐 뿐이라네. 자네의 일자리에 먼저 재미를 붙이고 온 힘을 다하게. 그리고 여유시간이 있다면 열심히 재테크 공부를 하게. 부동산이니 경매니 세무니 주식이니 등등 재테크 공부를 하게나.

자네가 만약 부동산 분야로 가고 싶다면 부동산관련 업종에 있는 사람들이 어떻게 자네에게 관심을 가지겠는가? 특히 부동산의 '부'자도 모르는 자네에게 월급을 주면서 부동산에 관련된 경험을 알려주면서 쓸 사람이 어디에 있겠는가? 따라서 오로지 현재의 일에 온 힘을 다하고 틈나는 시간에 재테크 공부에 온 힘을 다하게. 그러면 그 때 뭔가가 보일 것일세."

이주일 뒤 이분에게서 메일이 왔습니다.

"재테크 강의에 참석하여 순간적으로 자신의 처지를 몰랐습니다. 교수님 말씀처럼 제 일에 먼저 온 힘을 다하고 미래를 꿈꾸겠습니다."

부자들은 현재의 일에 온 힘을 다한 다음 또 다른 미래를 위하여 재테크의 바다 속에 머니 파이프 라인의 씨앗을 뿌리도록 노력하고 있습니다. 동남아에 가면 맹그로브Mangrove: 紅樹 숲의 맹그로브 나무를 보게 되는데요. 이 나무는 육지와 바다가 만나는 곳에서만 자랍니다. 바다와 육지가 만나는 일종의 바닷물에서 서식하는 나무인데요. 이 나무의 특징과 부자들의 일에 대한 특징이 비슷합니다. 이 나무의 경우 씨앗을 깊은 바다 속에 뿌려서 맹그로브 숲을 확장시키도록 노력하고 있습니다. 처음 씨앗은 마늘 뿌리만한 크기였다가 점차 씨앗이 자라면 오이처럼 길쭉하게 자라게 됩니다. 크게 자랄 경우에는 막대기처럼 길쭉하면서 끝은 송곳처럼 날카롭게 됩니다. 드디어 다 자란 경우에는 씨앗이 날카로운 끝을 앞세워 바다 속으로 박히는 구조입니다. 하지만 이러한 씨앗 100개 중 바다 속에 씨앗이 박히는 경우는 5개 정도밖에 되지 않는다고 합니다.

심지어 나무나 식물들도 자신의 존재 가치를 높이기 위하여 그리고 생존을 위하여 훈련하고 또 훈련하는 것입니다. 잘 다듬은 씨앗 100개 중에 성공하는 씨앗은 5개 정도입니다. 그러나 맹그로브 나무숲을 보면 씨앗들이 가득한 것을 볼 수 있습니다. 실패하면 또 다른 씨앗들이 씨를 퍼트리고 실패하면 또 다른 씨앗들이 씨를 퍼트렸다는 것이죠. 이러한 노력에 의하여 맹그로브 숲이 존재하고 확장되는 것입니다.

돈 버는 것, 성공이라는 것도 매한가지라고 생각합니다. 현재의 일에 온 힘을 다하지 않고, 현재 모든 것이 불만족스러운 상태에 있으면서 다른 사람들의 돈 번 이야기와 성공스토리만 듣고 꿈꾸듯 돈과 성공을 향하여 달려간다면 결국 실패만 다가올 뿐일 것입니다. 성공한 사람들과 부자들처럼 심지어 맹그로브 나무처럼 현재의 일에 온 힘을 다하고 또 다른 미래를 위하여 노력한다면, 여러분도 돈을 벌 수 있고 부자의 꿈을 이룰 수 있을 것입니다. 제일 중요한 것은 미래를 위하여 재테크의 바닷속에 머니 파이프라인의 씨앗을 뿌리도록 노력하는 것입니다.

PART 4

$

돈 모으는 법-
누구나 할 수 있는
돈이 모이는 비결

CHAPTER 1

가장 쉽고 간단하게
부자가 되는 방법

잠깐만 생각해 보면 빚을 없애지 않는 한
절대 부자가 될 수 없다는 것을 알 것이다.
- 앤드류 멜론

'가진 것이 없다 하더라도 부자가 될 수 있는 방법.' 그 방법에 대해서 이야기를 한번 해보겠습니다. 먼저 대한민국에서 부자가 되는 방법은 다음과 같습니다.

첫 번째, 부자 부모에게서 태어나는 것입니다. 어떻게 보면 간단한 방법이죠. 아버지가 부자였다면 저도 당연히 부자가 돼 있을 겁니다. 그런데요. 이건 어떻게 보면 꿈같은 이야기이죠. 상속을 통해서 부자가 된다는 얘기는 우리나라에서 대략 상위 5퍼센트 정도 밖에 안 된다는 거고 나머지 95퍼센트는 자수성가형 부자입니다. 그래서 이 부분은 우리가 선택할 수 있는 부분이 아니지요.

두 번째, 배우자를 잘 만나는 것입니다. 이것도 웃음이 나오죠? 부자 배우자를 잘 만나야 하는데요. 그렇다면 부자 배우자들의 특징이 무엇입니까? 집안 배경도 좋고, 좋은 교육을 받았겠죠. 뭐, 사교육비부터 해서 유학은 기본이고 이왕이면 외국 유학을 하더라도 초 엘리트급이지요. 그런 코스를 다 밟고 가는 거 아닙니까? 제 주변에 이 돈 있는 사람들을 보면 어린이집부터, 유치원, 초등학교 때부터 그 지역에서 엘리트들만 가는 그런 곳으로 보내죠. 그리고 중·고등학교 때는 말할 필요도 없을 것 같고요, 이러한 사람들은 대학교에서 누구와 미팅을 할까요? 금수저들끼리만 어울리지 않겠습니까? 물론 예외는 있겠죠. 하지만 그 예외가 많지는 않습니다.

부자들은 부자 배우자를 만납니다. 당신이 꿈꾸고 당신이 생각하는 어느 날 갑자기 백마를 타고 온 남자나 어느 날 갑자기 스포츠카를 몰고 오는 여자, 그런 사람은 TV 드라마에서나 볼 수 있는 것이고 대부분의 사람들은 보통 사람이 보통 사람을 만나 결혼합니다.

세 번째, 고시에 합격하는 길입니다. 변호사고시, 의사고시, 행정고시가 있습니다. 이런 고시를 통해서 보통사람들이 부자 사다리를 잡는 것입니다. 하지만 요즘은 고시를 패스했다. 내지는 로스쿨에 나왔다라고 하더라도 과거처럼 큰돈을 버는 시대는 아닙니다. 경쟁 자체가 과거와는 다르지요. 지금 로스쿨 출신 변호사들 월급제로 200~300만 원을 받고 일하지 않습니까? 하지만 그래도 지금 대한민국 사회에서 신분 상승을 하기 위해서는 뭐니 뭐니 해도 고시 합격만이 가장 확실한 신분 상승의 사다리입니다. 하지만 이 또한 쉽지가 않겠죠.

　네 번째, 우리나라 사회에서 부자가 되려면 명성을 날려야 합니다. 스포츠 선수가 됐든 가수가 됐든 또 연예인이 됐든 유명한 유튜버가 됐든 말입니다. 이렇게 명성을 떨치게 되면 자연스럽게 1년에 받는 금액이 올라가지 않겠습니까? LA다저스의 류현진 선수 같은 경우에 연봉을 2백억 원 가까이 받지 않습니까? 다시 말해서 본인에게 특별한 능력이 있다면 그 능력으로 성공할 수도 있다는 이야기입니다. 하지만 이런 경우도 많지는 않죠. 류현진 선수 같은 경우에도 전국의 수많은 야구 선수들 중에 한 명이지 않습니까? 유튜브를 통하여 몇억 원을 번다고 하더라도 대한민국 전체 유튜버들 중 소수의 사람만이 몇억 원을 버는 것 아닐까요? 그만큼 이름을 떨치고 명성을 얻기는 쉽지가 않습니다.

　부자 부모님을 만나는 것, 부자 배우자를 만나는 것, 고시를 통과하는 것, 명성을 날리는 것. 그리하여 보통 사람들이 이러한 방법으로 부자되기에는 굉장히 어렵습니다. 그렇다고 해서 '보통 사람들은 부자가 되지 못한다.'라는 말은 아닙니다. 보통 사람으로 태어나서 부자의 꿈을 이룬 사람들이 우리 주변에도 많기 때문입니다. 하지만 우리가 생각하는 것처럼 간단하게 부자가 되기에는 어렵다는 말입니다. 따라서 보통 사람들이 부자가 되기 위해서는 열심히 일하고, 악착같이 돈을 모으고, 재테크를 통하여 착실하게 부를 일구어나가야 합니다.

경제적으로 일어서지도 못하고 밑 빠진 항아리에 물만 붓다가 힘들게 되는 순간 같이 무너지게 됩니다. 따라서 부모, 형제, 자매들에게 도와주려면 일단 스스로 자립한 후에 도와드리길 바랍니다. 최소한 여러분 이름으로 아파트 한 채가 있고 여유 자금도 있고 그런 상황에서 도와주서도 늦지 않다는 말입니다.

CHAPTER 2

보통사람들이 가장 편하게
부자되는 방법

나는 80세가 넘는 것이 두렵지 않다.
나는 죽는 시간조차 없을 정도로 할 일이 많다.
- 잉바르 캄프라드

"교수님, 전 가진 것도 없고, 배운 것도 없습니다. 하지만 부자는 되고 싶습니다. 부자되는 방법은 없을까요?"

"가난한 집안에 태어나 지금까지 살아왔습니다. 문득 아이들을 생각하니 걱정이 됩니다. 저의 가난이 아이들에게 그대로 이어질 것 같아서요. 무슨 방법이 없을까요?"

많은 분들이 이런 질문을 던지십니다. 제가 생각하는 보통 사람들이 부자 되는 방법은 다음과 같습니다.

첫 번째는 열심히 일하셔야 합니다. 어쩔 수 없어요. 일하다가 죽는 사람보다 놀다가 죽는 사람은 많이 봤습니다. 그만큼 죽을 각오로 노는 사람들은 많은 반면에 죽을 만큼 일하는 사람은 없다는 말입니다. 사람들은 가난하면서도 신세 한탄만 하는 것 같습니다. '내가 이러이러해서 가난하다.' 결국 남는 것은 남의 탓일 뿐입니다. 그러면 가난이 자신의 옷인 양 딱 자신의 몸에 달라붙고 마는 것입니다. 그리고 가난의 옷을 벗을 생각을 안 하는 것 같습니다.

가난에서 벗어나기 위해서는 일단 일을 하셔야 합니다. 일하지 않고는 가난을 벗어날 수가 없습니다. 한 달에 얼마씩 고정적으로 돈이 들어오게 하지 않으면 결국 나와 우리 가족과 친척들까지 힘들게 만들뿐입니다. 소크라테스는 이렇게 말합니다.

"인생은 고난의 연속이다. 그러나 성실한 마음으로 물리칠 수 없는 고난은 이 세상에 없다."

가난을 이기는 가장 좋은 방법은 말로만 떠들지 말고 무슨 일이든 먼저 하는 것입니다.

두 번째는 열심히 돈을 모으셔야 합니다. 다음은 어떤 분께서 2년 전에 저한테 보낸 메일입니다.

"교수님, 저는 20대 초반의 가난한 집의 가장입니다. 어렸을 때 결혼을 빨리해서 20대 초에 한 가정의 가장이 되었습니다. 저희 부부는 지독하게 돈을 모읍니다. 한 달 월급이 200만 원인데 적금 넣는 돈은 한 달 120만

~130만 원을 적금을 넣고 한 달 생활비로 70~80만 원만 쓰고 있습니다. 젊은 나이에 치킨을 먹고 싶어도 먹는 날을 정해놓고 먹는데 그 날짜가 한 달에 한 번 뿐입니다. 그리고 저희는 외식을 일체 안합니다. 저희 부부는 무조건 돈을 아끼고 아낄 뿐입니다. 교수님 방송을 통해서 저희에게 부자의 꿈과 희망을 안겨주셔서 감사합니다. 저희도 교수님 말씀처럼 부지런히 돈을 모으겠습니다. 언젠가 교수님을 찾아뵙겠습니다."

이분의 메일이 보는 순간 저는 눈물이 났습니다. 무어라 할 말이 없었습니다. 그리고 답장을 보냈습니다. '열심히 노력하고 사시는 만큼, 절약하고 사시는 만큼, 좋은 기회가 오고 부자의 꿈이 이루어지실 것입니다.'라고 답장을 보내드렸습니다. 분명히 이 세상에는 어렵고 힘들지만 부자의 꿈을 안고 열심히 살아가시는 분들도 많습니다. 보통 사람들이 부자가 되기 위해서는 첫째, 일하시고 둘째, 위에 분들처럼 절약해서 돈을 모아야 한다는 말입니다.

세 번째는 모은 돈을 굴려야 합니다. '아니 교수님, 이 이야기는 누구나 알 수 있고, 누구나 말할 수 있는 부분이 아닙니까?' 이렇게 말씀하시는 분들도 분명히 계실 것입니다. 하지만 저는 있는 그대로, 제가 경험한 것, 저의 수많은 수강생 분들이 재테크로 돈을 벌고, 부자가 되신 분들의 이야기를 해드리는 것입니다. 실제 사례를 또 말씀드리면, 중학교만 졸업하고 지계차를 운전하시는 분이 계십니다. 월급은 약 250~300만 원입니다. 제가 이 기업에 특강을 갔는데 그 특강을 통해서 저와 인연이 되신 분입니다. 이 분은 혼자 살면서 오로지 돈만 모으신 분입니다. 그렇게 모은 돈을 가지고, 수원의 아파트를 사고 또 돈을 모아서 수도권에 아파트를 추가로 2채를 더 구입했다고 하셨습니다. 벌써 10여 년 전의 이야기입니다. 지금 수도권 아파트 가격이 어떠한가요? 또 광주에서 어떤 분께서 저에게 보내주신 문자입니다.

"교수님, 교수님을 만나기 전에는 중소기업에서 월급으로 허덕이며 다람쥐 쳇바퀴처럼 살아갈 뿐이었습니다. 아무런 꿈도 없고 아무런 희망도 없었습니다. 그러한 제가 이제 재테크에 눈이 뜨이고, 부동산에 눈이 뜨이니까 세상이 달라 보입니다. 요즘 너무 행복합니다. 이처럼 재테크에 눈뜨게 해주신 교수님께 진심으로 감사드립니다. 감사합니다."

여러분 주변에는 이런 사람들이 있습니까? 보통 사람이면서 열심히 일을 하고, 돈을 모으고, 투자해서 돈을 번 사람들 그리하여 부자의 꿈과 희망을 이루고 행복을 추구하는 사람들. 저의 주변에는 이런 사람들이 많습니다. 오히려 제가 이런 분들께 '어떻게 살 것인가?'에 대하여 배우고 있을 정도입니다. 이처럼 본인 스스로가 그동안 재테크의 '재' 자도 몰랐고 부동산의 '부' 자도 몰랐고 주식이니 부동산 등등은 그저 돈 있는 사람들만 할 수 있는 투기라고 생각했다가 사람들이 변하기 시작하고 달라지기 시작하였다는 것입니다. 그런 결과 일을 하고, 돈을 모으고, 투자하여 돈을 벌고 결국 부를 창출하고 있다는 것입니다. 과거의 사례가 아니라 현재까지도 진행되고 있다는 말입니다.

CHAPTER 3

돈 모으기의 3적三敵을
최대한 멀리 하세요

배움이 없는 자유는 언제나 위험하며 자유가 없는 배움은 언제나 헛된 일입니다.
- 존 F. 케네디

종잣돈을 모으라는 이야기를 하면 거의 대부분의 사람은 이렇게 이야기할 것입니다.

"모을 돈이 없는데 무슨 종잣돈입니까?"

"취업도 안 되고 있는데 어떻게 돈을 모읍니까?"

"먹고 살기도 바빠 죽겠는데 무슨 수로 돈을 모읍니까?"

그렇다면 난 이렇게 물어보고 싶습니다.

"그렇다면 당신은 평생 돈 모을 생각이 없습니까?"

"평생 모을 돈이 없다면 결국 인생이라는 전쟁터에서 피 흘리는 돈의 부상자가 되고 싶으십니까? 당신들은 앞으로 당신의 인생을 책임질 나이가 될 것이며, 당신의 가족을 책임질 나이가 반드시 올 것입니다. 그러한 시기에 돈이 없다면 당신은 어떤 인생을 사실 것입니까? 인생의 낙오자가 되실 것입니까? 따라서 지금보다 더 나은 당신의 미래를 위해서라면, '종잣돈은 무슨 종잣돈이냐?'라는 식의 말씀은 절대 해서는 안 됩니다."

어찌되었든 누구라도 20대 중·후반부터는 돈을 벌게 되어있습니다. 밀림에서 맹수들이 먹이를 사냥하듯이 당신들 또한 사회라는 제도권에서 돈을 벌기위하여 밀림처럼 살아가게 될 것입니다. 그렇다면 돈이 벌리면 그 금액이 많든 적든, 만족하든 만족하지 못하든 간에 돈 모으는데 방해가 되는 가장 조심해야 할 것이 있는데 그것을 필자는 '종잣돈 3적'이라고 부르고 싶습니다.

첫 번째 적은, 신용 카드입니다. 이것이 무조건 나쁘다는 것은 아닙니다. 적절하게 사용함으로써 현금을 들고 다니는 번거로움을 해소하고 포인트 적립 및 연말정산에 유리한 것은 사실입니다. 하지만 신용 카드의 근본적인 문제는 현금으로 계산할 때와 신용 카드로 계산할 때 소비자의 느낌이 다르다는 것입니다. 현금으로 계산할 때는 돈 아까운 생각이 들지만 신용 카드로 계산할 때에는 돈 아깝다는 생각이 들지 않기에 문제가 발생합니다. 내 돈이 아닌 듯한 착각이 일어나는 것입니다. 물론 신용 카드로 계산할 때도 돈 아깝다는 생각은 하지만 현금으로 계산할 때와는 엄연한 차이점이 있습니다. 여기에다가 신용 카드가 있음으로써 본의 아니게 계산을 하는 경우도 종종 생깁니다. 특히 술값 계산이나 옷값 계산 등 분위기에 이끌려 소비를 한다거나 꼭 필요하지도 않은 물건을 산다거나 할 때 신용 카드 사용은 거의 돈에 대한 무방비 상태와 마찬가지입니다.

따라서 돈을 모으는 사람들 입장에서 신용 카드는 정말 백해무익입니다. 우리가 2000년 이후 잘못된 신용 카드 사용으로 인하여 온 집안이 망한 경우와 카드 연체로 신용불량자가 된 경우 등, 신용 카드로 인하여 발생한 여러 가지 사회문제를 직접 눈으로 보고 우리 주변에 직접 당한 사람들을 직접적으로 보아왔을 것입니다. 집안에 신용 카드 빚에 허덕이는 사람이 한 사람만 있어도 온 집안이 돈 때문에 허덕이게 됩니다. 채권 추심 활동이 많이 규제되었지만 채권 추심만을 담당하는 사람들을 만나보노라면 채무자들의 저승사자와 같습니다. 채무자만 힘들게 하는 것이 아니라 집안 식구들까지 찾아가서 가족의 도덕적 연대 책임이라는 이유로 인하여 보증을 세우거나 대신 빚을 갚아 줄 것을 독촉하는 경우가 과거에는 비일비재하였습니다.

결국 신용 카드 빚을 갚아 주어도 대기업 좋은 일만 하는 것이고 가족은 가난과 빚쟁이라는 어둠 속에 영원히 숨어서 살게 될 것입니다. 신용 카드 및 자산관리 실패자들의 공통점은 바로 허영심으로 인한 자기 방치입니다. 부자들이나 서민들은 자신의 위치를 알고 자신의 처지를 알고 있으므로 자신의 처지에 어울리는 삶을 살아가고 소비하지만 허영심에 물든 사람들은 그렇게 살아가지 못합니다.

이렇듯이 젊은 시절의 과도한 신용 카드 사용은 말 그대로 '나를 죽이는 사망명령서'임을 명심하여 최대한 자제하시길 바랍니다. 가능하시다면 오로지 신용 카드 한도를 줄이거나 현금으로만 계산하시길 바랍니다. 특히 신용 카드로 현금 서비스를 받을 때에는 신용 카드 회원에 따라 이자는 다르겠지만 보통 높은 경우 19.9퍼센트의 이자이며, 만약 연체가 될 경우에는 무려 약 연 23퍼센트 정도의 연체이자를 지급하게 됩니다.

쉽게 말해서 합법적 사채 수준이라는 것이죠. 지갑 속에 신용 카드가 많으면 많을수록 부자가 아니고 현금이 부족하므로 어쩔 수 없이 신용 카드를 많이 가지고 다닐 수밖에 없는 가난뱅이일 가능성이 크며, 지갑 속에 신용 카드 수가 적으면 적을수록 현금 동원이 쉬운 부자일 가능성이 큽니다. 이제 더는 지갑 속에 가득 꽂힌 신용 카드가 자신을 돋보이는 존재에서 자신을 죽이는 사망명령서로의 인식 전환이 필요합니다.

두 번째 적은, 술값과 옷값입니다. 남자들의 경우에는 술값이 매달 적지 않게 나가는 돈입니다. 간단하게 한잔 마셔도 최소 몇만 원에서 2차 노래방까지 갈 경우에는 몇 십만 원 단위까지 올라가죠. 그동안 절약한 돈들이 한 번에 술값으로 나가는 경우가 허다합니다. 신입사원일 때는 자리만 참석하면 되지만, 언젠가 시간이 지나 중간 단계까지 올라갈 경우에는 지금까지 얻어먹은 것에 대해 자신도 보답해야 하는 시절이 다가오죠. 또한 얻어먹기만 해서는 안 되니까 종종 내가 낼 경우도 있으므로 이때 돈이 엄청나게 나가게 됩니다.

대학생들도 거의 비슷합니다. 힘들게 아르바이트를 해서 100만 원을 벌면 제일 먼저 하는 것은 친구들 불러놓고 일단 술부터 한 잔하는 것이죠. 그리고 2차, 3차까지 이어지게 된다면 결국 좋은 의도의 아르바이트가 술값을 마련하기 위한 '알콜바이트' 밖에 되지 않습니다. 나이 더 먹기 전에 종잣돈을 모으고 싶다면 반드시 술술 나가는 술값부터 확실하게 잡아야 합니다.

여자들의 경우에는 철마다 한두 번씩 구입하는 옷값이 예상 외로 많이 나갑니다. 때로는 옷값을 아끼기 위하여 인터넷 쇼핑몰을 통한 저가의 옷을 구입하기도 합니다. 하지만 이런 옷들이 특징으로는 몇 번 입으면 질리는 현상이 일어나고 유행이 지나면 옷장 속에 처박혀 있게 됩니다. 따라서 유행을 따라가기 위하여 옷이나 가방, 화장품 등을 구입한다면 남자들의 술값과 마찬가지로 종잣돈 마련이 서서히 힘들어지게 됩니다.

세 번째 적은, 가족 용돈입니다. 어느 집안이나 힘들게 사는 가족들이 있습니다. 부모님이 힘들게 사실 수도 있고, 형제자매가 힘들게 살 수도 있습니다. 그렇다면 첫 직장을 잡은 첫 월급이야 당연히 부모님을 위하여, 가족들을 위하여 돈을 쓸 수도 있습니다. '그동안 저를 키워주시느라고 고생하셨습니다. 감사합니다. 어머니, 아버지!' 이렇게 감사의 말씀과 함께 용돈을 드릴 수가 있죠. 하지만 얼마 되지도 않은 월급을 가지고 매달 부모님 용돈이나 힘든 가족의 뒷바라지까지 한다면, 물론 좋은 일이죠. 하지만 제가 말씀드리고자 하는 것은, 힘든 분들을 도와드려도 결국 힘들다는 사실입니다. '밑 빠진 독에 물 붓기'라는 말이 있지 않습니까? 여러분의 한 달 수입으로 아무리 많이 도와드려도 결국 그분들의 삶은 달라지지 않는다는 것입니다.

오히려 여러분의 돈만 지출되고, 통장 잔고에는 항상 0에 가까운 잔고만 있을 뿐입니다. 그래도 '부모님인데, 그래도 형제자매인데 그럴 수가 있나?'라고 반문하시겠지만 다시 한번 더 말씀드린다면 어렵고 힘든 분들에게 여러분이 아무리 월급으로 도와드려도 나아지지 않는다는 것입니다. 오히려 시간이 지나면 지날수록 한 달에 100만 원씩, 50만 원씩 꼬박꼬박 용돈주다가, 또는 한 달에 30만 원씩 어렵고 힘들다고 도와주다가 여러분의 사정상 못 도와드릴 때에는 꾸준하지 못하고 성실하지 못한 천하의 나쁜 사람이 되고 맙니다.

받는 것도, 얻어먹는 것도 습관입니다. 주변을 둘러보세요, 받는 사람이 받고, 얻어먹는 사람이 얻어먹는 사회이지 그동안 도와줬다고 고맙다고 잘 되어 인사하는 경우는 많지가 않습니다. 결국 경제적으로 일어서지도 못하고 밑 빠진 항아리에 물만 붓다가 힘들게 되는 순간 같이 무너지게 됩니다. 따라서 부모, 형제, 자매들에게 도와주려면 일단 스스로 자립한 후에 도와드리길 바랍니다. 최소한 여러분 이름으로 아파트 한 채가 있고 여유 자금도 있고 그런 상황에서 도와주셔도 늦지 않다는 말입니다.

저의 친척 중에 수천억 대 부자가 있습니다. 이 분의 특징으로는 1천억 대가 되기 전까지는 부모님, 형제자매 및 일가 친척들에게 하나도 도와주지 않았다는 것입니다. 본인의 공장과 사업체에 빚 하나 없으면서도 오로지 돈만 벌었다는 이야기입니다. 아무리 어렵고 힘든 친척들이 있어도 구두쇠처럼 도와주지도 않고 친척들을 본인의 회사에 취업도 시켜주지 않았습니다. 일가 친척들에게는 '진짜 나쁜 사람'으로 찍혔죠.

그런데 이 부자가 달라지기 시작하였습니다. 자산이 1천억 원이 넘어간 순간부터 친척들을 챙기기 시작하였습니다. 나이 드신 어르신들 30여 명을 모시고 유럽 여행을 시켜드리고 아프고 힘든 사람이 있을 경우에는 적게는 수백만 원 많게는 몇천만 원씩을 도와드리더군요. 그러니 일가 친척들의 말이 달라졌습니다. "세상에 그런 좋은 사람 없다."입니다.

맞아요, 본인을 안 도와주면 세상에 그런 나쁜 사람 없으며, 본인을 도와주면 세상에 그런 좋은 사람 없다가 됩니다. 제가 그분한테 살짝 물어봤습니다. 그동안은 왜 친척들을 안 도와드렸냐고요? 그러니 그분은 이렇게 말씀하셨습니다.

"자강自强, 즉 내가 스스로 강할 때 누군가를 도와 줄 수 있는 것이다. 내가 스스로 강하지도 못한 상태에서 친척을 도와줄 경우에는 결국 같이 망하고 만다. 따라서 나는 나 스스로가 이제 강하다라고 생각할 때까지는 도와주지 않기로 작정하였다."

여러분에게 묻고 싶습니다. 자기 자신을 강하다고 생각하십니까? 경제적 자유를 얻으셨습니까? 그래서 주변 사람들을 도와드리는 것입니까?

가난에서 벗어나기 위해서는 일단 일을 하셔야 합니다. 일하지 않고는 가난을 벗어날 수가 없습니다. 한 달에 얼마씩 고정적으로 돈이 들어오게 하지 않으면 결국 나와 우리 가족과 친척들까지 힘들게 만들뿐입니다. 소크라테스는 이렇게 말합니다.
"인생은 고난의 연속이다. 그러나 성실한 마음으로 물리칠 수 없는 고난은 이 세상에 없다."
가난을 이기는 가장 좋은 방법은 말로만 떠들지 말고 무슨 일이든 먼저 하는 것입니다.

CHAPTER 4

가장 빠르고 쉽게
돈 모으는 10+10 법칙

나는 삶에서 언제나 치열함을 추구하라고, 삶을 만끽하라고 배웠다.
- 니나 베르베로바

직장인들, 주부들, 일반인들이 가장 빠르게 가장 쉽게 돈을 모으는 방법은 무엇일까요? 우선 '10+10 법칙'을 실천하시길 바랍니다. 재테크에 있어서 가장 중요한 것은 먼저 과도한 지출을 줄이는 것이겠죠. 그리고 이러한 돈을 모아서 종잣돈을 만드는 것이고, 그다음에는 투자해서 돈을 불리는 것이죠. 그렇다면 돈을 불리기 위해서, 즉 종잣돈을 마련하기 위해서 이 법칙을 실천해야 합니다. 돈 모으기의 대원칙 10+10 법칙 중 가장 기본 중의 기본은 바로 '많이 벌고 적게 쓰는 것'입니다. 이렇게 얘기를 하면, '아니 이 세상에 누가 그거 모르는 사람 어디 있습니까?'라고 반문하시는 분이 많이 계실 것입니다. 맞습니다. 이러한 원칙은 누구나 다 알고 있습니다. 하지만 '누구나 다 알고는 있지만 누구나 꾸준히 따라 하지는 않는다.'라는 것이 핵심이죠.

말은 쉽지만은 실천으로 옮기기는 굉장히 힘들다는 이야기입니다. '누구나 부자의 꿈을 꾼다. 하지만 부자들처럼 행동하지는 아니한다.' 이는 짐 로저스Jim Rogers의 말입니다. 이 이야기랑 이 논리랑 비슷한 원리이죠. 누구나 이렇게 하면 돈도 모으고 부자가 된다는 것은 다 알고 있어요. 많이 벌고 적게 쓰면 되죠. 하지만 이 원칙을 알고 있지만 꾸준히 실천하는 사람과 그렇지 않은 사람이 있다는 것입니다. 그 차이가 바로 부자와 빈자로 나눕니다.

제가 말하는 10+10 법칙은 일단 '10퍼센트는 더 저축하자. 10퍼센트는 더 안 쓰자'입니다. 이게 10+10 원칙입니다. '월급을 탔습니다. 보너스를 탔습니다. 사업 성과가 좋았습니다. 장사 순수입이 좋았습니다.' 등등 돈이 생기면 바로 '총수입의 10퍼센트를 무조건 저금하라'는 의미입니다. 그리고 내가 지출할 금액 중 10퍼센트를 추가로 아껴서 10퍼센트를 더 모으자는 이야기입니다. 종잣돈을 모으기 위해서는 이 방법이 최고입니다.

우선 10퍼센트의 돈을 자유적립 적금에 넣고, 소비할 돈에서 10퍼센트를 더 모아서 또 자유적립 적금에 넣어보시길 바랍니다. 그렇다면 적금 통장이 무럭무럭 자라지 않겠습니까? 이러한 실천이 지속적으로 반복되는 사이 여러분은 돈이 생기면 좀 더 아끼고 싶은 생각을 가지게 될 것입니다. 그것이 바로 돈 모으기의 시작입니다. 이러한 실천이 습관으로 자리 잡힐 때 종잣돈도 마련될 것입니다.

'이 돈을 모아서 무엇을 할까?' 이는 대부분의 사람들이 가장 궁금하게 생각하는 것입니다. 돈이 조금 모아졌는데 이제 이 돈을 가지고 무엇을 할 것인가 궁리하게 됩니다. 그리고 이러한 시기에 외국 여행도 가고 싶고, 필요한 고가의 물건을 사고 싶고, 자동차도 사고 싶고, 가족이나 친척들에게도 무엇인가 선물하고 싶은 마음 등, 소비에 대한 욕심이 생기는 시기입니다. 그래서 이러한 시기를 잘 버티시고 돈을 더 모으기 위해서는 '모은 돈을 가지고 이렇게 돈을 굴리겠다.'라는 목표 의식을 가지길 바랍니다.

첫 번째 목표, 적금 넣을 돈을 1차로 정기적금 1년 단위로 넣는다.

두 번째 목표, 만기가 된 1차 정기적금 목돈을 1년 단위의 정기 예금으로 다시 넣는다.

세 번째 목표, 현금 3천만 원을 모은 뒤 소형 아파트를 사서 모은다.

네 번째 목표, 차츰 소형아파트를 월세로 전환해 한 달 생활비를 만들어 경제적 자유인이 된다.

이런 목표를 설정하시길 바랍니다. "무슨 3천만 원으로 집을 살 수 있냐?"라고 말씀을 하시겠지만 수도권이든 지방이든 소위 말하는 '전세 안고 매입하기'로 사는 소형 아파트 같은 경우에는 매수할 수 있습니다.

실전 사례: 수도권의 15평 아파트 구매 시 필요 금액

매매 금액: 1억7천만 원

전세 금액: 1억4천만 원

투자 금액: 3천만 원

물론 이러한 소형 아파트를 매수하면서 공인중개사 수수료와 취득세 등 등기 비용이 지출되며, 도배와 장판 등으로 집을 손보는 경우도 종종 있을 수 있습니다. 하지만 '내가 돈을 모아서 아파트를 매수했다'는 것이 중요한 게 아닐까요? 이러한 아파트가 1년이 지나고 2년이 지나서 시세가 올라간다면 내 돈이 굴려지게 됩니다. 그래서 젊은 20대, 30대들이 부동산 투자를 공부하는 것입니다. 그러면 이러한 돈이 어디에서 나왔을까요? 당연히 10+10 전략에 의한 것이지요. 과도한 지출을 줄여 절약해서 모은 돈입니다.

말로는 쉬울지는 몰라도 행동하기는 굉장히 어렵다는 사실도 저는 알고 있습니다. 누구에게나 돈이 좀 모이면 마음이 느슨해 지게 됩니다. 열심히 하다가 막상 그 일차적인 목표가 이루어졌을 때 느끼는 허무함 같은 것입니다. 그런데 이러한 현상은 당신만 그런 것이 아니고 저만 그런 것이 아니고 인간이라면 누구나 다 겪게 되는 그러한 과정일 뿐입니다. 인간이니까 누구나 그러할 수 있습니다. 그런데 이제부터는 이러한 생각이 들 때 '내가 대단해.' '앞으로 더 노력하자' '잠시 흔들릴 수는 있어'라고 자신을 격려하시고, 다시 한번 통장을 쳐다보면서 더 큰 목표를 향해 달려가시길 바랍니다.

그동안 돈을 모으지 못한 것은, 그동안 소형 아파트 한 채 장만하지 못한 것은 여러 가지 이유가 있겠지만 제일 중요한 이유가 바로, '돈을 모으겠다는 목표가 없었기 때문'입니다. 더불어 '모은 돈을 가지고 어떻게 돈을 굴릴 것인가'라는 2차, 3차 목표가 없었기 때문입니다.

따라서 지금 당장부터 실천하시면 됩니다. 10퍼센트 더 모으고, 10퍼센트 더 안 쓰고 이러한 돈을 정기적금을 들고 만기가 되면 정기예금으로 돌리며, 3천만 원이 되면 소형 아파트를 사서 모은다면 당신의 10년 뒤의 모습은 분명 돈의 노예에서 벗어난 경제적 자유인이 되어 있을 것입니다. 간혹 그동안 돈을 모은다고 수고한 나에게 격려해주고 싶다고 말씀하시는 분들도 계시는데요. 제가 그 분들에게 이렇게 질문합니다.

"본인에게 무슨 격려를 어떻게 하고 싶으신가요?"

"네? 일단 국외 여행도 가고, 좋은차, 옷, 화장품도 사고 등등 많죠."

"그럼 돈 벌기 힘들어요. 돈의 노예 같은 삶이 또다시 반복될 뿐입니다."

"…"

만약 돈 모은다고 수고한 나에게 격려를 해주고 싶다면 일단 최소한으로 자기 집 한 채에 여러분이 직장을 다니지 않고도 고정적인 수입이 한 달 생활비만큼 들어올 때 그때 수고했다고 자신에게 격려의 선물을 해주시길 바랍니다. 그때 하셔도 충분합니다. 지금은 무조건 돈을 모을 단계이기 때문입니다.

CHAPTER 5

경기 불황에 알맞은 재테크, 다운사이징

할 수 있다고 생각하면 할 수 있고, 할 수 없다고 생각하면 할 수 없다.
- 파블로 피카소

경제 주체는 통상적으로 정부, 가계, 기업을 말합니다. 여기서 기업이라는 것은 생산 주체, 가계는 소비의 주체, 정부는 생산과 소비 주체가 됩니다. 현재의 경제 사정을 놓고 보면 코로나 19를 말하기도 이전부터 불황은 이미 시작되었습니다. 기업은 미래에 대한 불확실성 때문에 현금 자산만 부지런히 모으고 투자를 줄이고 있으며, 가계는 고용이 안 이루어지다 보니까 먹고 살기가 힘들어지고 있습니다. 그래서 가정에서는 소비를 줄이고 있습니다. 가정에서 이렇게 소비를 줄이니까 장사하시는 분들, 또 기업하시는 분들이 먹고살기가 더 힘든 그런 불황의 시대가 왔습니다. 우리 주변에서 장사하시는 분들하고 이야기를 나누다 보면 "이거 뭐 1997년도 IMF때보다 더 심하다. 그만큼 먹고살기가 어렵다."라고 많이들 말씀하십니다. 그만큼 '소비자들이 소비를 안 한다.'라는 이야기입니다. 지금 소비하는 사람들은 돈 많은 사람들만 백화점에서 명품을 수천만 원을 산다는 것 아닙니까. 서민들은 먹고 살기가 힘들어졌는데 말이죠. 이게 문제입니다.

우리나라의 경제성장률은 2017년대 3.1퍼센트에서 2018년도에는 2.8퍼센트, 2019년도에는 2.0퍼센트로 떨어졌으며 2020년에는 2퍼센트 중반대가 목표였지만 코로나 19의 영향으로 인하여 마이너스 성장을 할 것으로 보인다고 합니다. 그만큼 세계 경제와 우리나라 경제가 좋지 않습니다.

이처럼 힘든 시기에 '우리는 어떻게 살아가야 할까요?'라는 문제에 봉착합니다. 취업도 안 되는 시기, 사업이나 장사도 안되는 시기, 국내외 경제도 어려운 시기 우리는 이러한 시기에 어떻게 잘 대처해 나가야 할까요? 어떻게 잘 생존해야 할까요?

그 핵심은 바로 다운사이징에 있습니다. 다운사이징이란 사물을 소형화 하는 것. 기업으로서는 감량 경영을 하는 것, 즉 축소 경영을 의미하며, 가정으로 본다면 지출을 줄이는 것을 의미합니다. 〈다운사이징〉이라는 영화는 2017년에 개봉되었는데요, 사람 크기를 13cm로 축소해서 살아가는 것입니다. 그러면 현금 5천만 원만 있으면 125억 원의 효과를 본다는 것입니다. 먹는 것도 축소가 되고 주택도 축소가 된다는 재밌는 구상의 영화였습니다. 아무튼 제가 말하는 다운사이징의 핵심은 '어렵고 힘든 시기에는 뭐든지 소비를 줄여야 한다.'라는 의미입니다.

잘 줄이는 게 재테크의 가장 중요한 핵심입니다. 예를 들어 주택의 다운사이징이란, 대형 평수 아파트를 중형 평수와 소형 평수로 축소하라는 의미입니다. 현재 내가 50평 아파트에 살고 있다면, 32평 아파트에 거주하고 그 나머지 금액을 가지고 소형 아파트를 매입해서 여기서 월세를 받으라는 얘깁니다. 이게 바로 주택 다운사이징의 핵심입니다. 그러면 이렇게 집을 다운사이징하게 되면 여러분에게 어떤 현상이 일어날까요?

현재 50평 아파트 거주하시다가 32평 아파트로 이사하게 되면, 첫째 세금, 건강보험료 등이 줄어듭니다. 둘째 관리비, 가스비, 전기세, 수도요금, 공과금, 이런 비용도 자연스럽게 줄어들 것입니다. 셋째 주택 담보 대출을 받으셨다면 대출 이자가 축소될 것입니다.

여기에 소형 아파트에서 월세 수입이 들어온다면 매달 나가는 비용은 줄어들고 매달 월세가 들어오니 굉장한 이득이라고 볼 수 있겠습니다. 여기에 요즘 부동산 투자의 대세가 소형 아파트입니다. 시세 차익도 대형 평수 보다는 소형 평수의 시세 차익이 더 높을 가능성이 많으므로 주택을 다운사이징하면 당신의 삶이 행복해질 수밖에 없습니다. 그렇다면 집을 현명하게 다운사이징 하는 방법에 대해서 설명하겠습니다.

첫 번째, 먼저 지역에 관심을 가져야 합니다. 당신이 현재 서울에 거주한다면 '서울 내에서 다운사이징을 한다.' 이건 찬성이에요. 강남에서 50평 아파트를 가지고 있다면, 강남에 30평 아파트로 축소한 다음에 나머지 금액을 가지고 강북에 있는 아파트를 한 채나 두 채 살 수 있지 않습니까. 그러면 거기서 월세가 들어옵니다. 그리고 '지방광역시에서 서울로 다운사이징한다.' 이것도 찬성입니다. 여유가 된다면, 지방광역시보다는 서울로 다운사이징하는 게 효과적이죠.

그런데 '서울 것을 정리하고 지방 아파트를 산다.' 이건 아닙니다. 서울 아파트를 팔고 지방 아파트 사면 아파트 몇 채를 살 수도 있습니다. 하지만 이건 반대라는 겁니다. 왜냐하면 서울은 앞으로도 그렇고 미래에도 그렇고 서울의 가격은 오를 가능성이 크기 때문입니다. 그리고 '대전에 있는 아파트를 정리하고 시골에 있는 아파트를 산다.' 이것도 반대입니다. 이 또한 상승가능성 부분에서 대전보다는 시골의 아파트 가격 상승이 더 힘들기 때문입니다.

두 번째, 무조건 아파트만 사라는 것입니다. 집을 다운사이징 하라고 했더니 '32평 아파트 사시면서 23평 아파트 이사가고, 오피스텔을 샀다.' 또 '23평 아파트로 이사가고 도시형 생활주택을 샀다.' 이런 것은 의미가 없습니다. 집을 다운사이징하라는 얘기는 반드시 아파트와 아파트에 한하여 하라는 의미입니다. 오피스텔이나 도시형생활 주택이나 세대 수가 얼마 안 되는 나 홀로 아파트 같은 경우에는 시세 차익을 보기가 어렵고 부동산 경기가 좋지 않을 때 세입자 구하기도 쉽지가 않습니다. 따라서 시세 차익과 월세 세입자를 구하기 쉬운 아파트에 한하여 다운사이징이 가능합니다.

세 번째, 주식 다운사이징입니다. 주식 투자 같은 경우에는 아시다시피 세계 경제, 한국 경제 등의 영향을 많이 받습니다. 그리고 지금보다 미래가 더 불안할 가능성이 큽니다. 이런 상황에서 주식 투자를 하는 것은 위험할 가능성이 큽니다. 그런데 주식 투자를 하면서 이렇게 생각하실 것입니다. 바로 '다른 주식은 다 떨어져도 내가 산 주식만은 오른다.'는 믿음 말입니다. 이렇게 생각할 가능성이 아주 크다는 거예요. 그런데 이제는 그런 아집을 버리셔야 합니다. 이러한 생각에 주식 투자해서 손실 본 금액만 해도 얼마입니까? 그러면 '이제는 실패했기 때문에 두 번 다시는 주식 투자하지 않겠다.'라는 의지를 가져야죠.

그런데 제가 이렇게 말을 해도 주식 투자하시는 분들은 이렇게 생각하실 것입니다. '지금까지 내가 실패한 것은 내가 많이 몰라서 그런 것이다. 이제 비싼 수업료도 냈으니 이제부터는 주식 투자로 돈 벌 것이다.' 이렇게 생각하실 것입니다. 그리고 또 투자를 하시겠죠. 그 결과는 1년 지나고 2년 지나면 알 수 있을 것입니다. 그런데 앞으로는 다운사이징 사회입니다. 줄이고 축소해야 합니다. 더불어 안정된 투자를 하셔야 합니다. 만약 꼭 주식 투자를 하시고 싶으시다면, 주식 투자하는 금액을 줄이시길 바랍니다.

네 번째, 보험 다운사이징입니다. 상담을 통해 많은 분들이 한 달 보험료로 많은 금액을 쓰고 계신 것을 알 수 있었습니다. 보험료는 자신이 버는 금액의 5~6퍼센트 내외가 가장 적당하다고 생각합니다. 혹시라도 '가족력이 있다, 불안하다.'는 마음에 무리하게 보험을 들 필요가 없다는 말입니다. 직장 생활이나 개인 사업을 하다가 갑자기 퇴직하거나 사업을 못하게 될 경우에 경제적 위기에 봉착하게 됩니다. 이때 긴급 생활비를 마련하기 위하여 가장 먼저 해약하는 것이 보험이지 않습니까? 그러면 아시다시피 그동안 납부한 보험료는 아무 의미가 없게 됩니다. 물론 암 보험, 건강 보험, 실비 보험 등은 소액으로 반드시 있어야 합니다. 따라서 큰돈이 들어가는 종신 보험이나 펀드나 이런 것을 경제적 사정에 맞게 다운사이징 해야 합니다.

CHAPTER 6

반드시 기억해야 할
돈 들어오는 습관, 나가는 습관

자유는 책임을 뜻한다. 이것이 대부분의 사람들이 자유를 두려워하는 이유다.
- 조지 버나드 쇼

인생 속도라는 게 있습니다. 유아기 때의 인생 속도는 거의 안 가죠. 모든 것이 새롭고 모든 것이 신기할 따름이기 때문입니다. 그 이후 10대 때의 인생 속도는 10킬로미터 정도로 느껴집니다. 이때에는 빨리 어른이 되고 싶어 하죠. 20대의 인생 속도는 20킬로미터로 갑니다. 때때로 어렵고 힘든 고비도 있지만 그래도 시간은 잘 가는 편이지요. 하지만 20대 중 후반이라는 이야기를 들을 때부터는 미래에 대한 두려움이 더 커집니다. 30대의 인생 속도는 30킬로미터로 갑니다. '벌써 내가 30대구나'라는 생각으로 살짝 초조해집니다. 그리고 왠지 모르게 예전으로 돌아갔으면 새로운 뭔가를 이룰 것 같은 환상에 빠지기도 합니다. 이윽고 30대 후반이 될 경우에는 그동안 자신의 살아온 일들에 대하여 반성과 회의를 느끼는 시기가 돌아옵니다.

40대의 인생 속도는 40킬로미터로 달립니다. '아차' 하는 순간 벌써 중년이라는 이야기를 들어야 합니다. 하지만 이룬 것이 별로 없다는 생각으로 아등바등하며 열심히 살아가지만 특별히 달라지는 것도 없는 시기입니다. 그래서 퇴근 이후에 소주 한잔 하는 일도 늘어 갑니다. 이때에는 오로지 꿈과 희망은 아이들입니다. '아이들이 공부 잘하길, 좋은 학교나 좋은 대학에 들어가길' 기대하며 하루하루를 살아가죠.

50대의 인생 속도는 50킬로미터로 갑니다. 아이들도 성장하였고 서서히 자신이 그동안 무엇을 하였는가에 대한 회의감이 밀려옵니다. 때때로 아무것도 아닌 것 가지고 친구들과 다투기도 하죠. 평생 싸움한번 안 해본 사람이더라도 이때에는 작은 다툼으로 인하여 싸움이라는 것을 해보기도 하는 그러한 시기입니다. 그만큼 인생 속도가 빨라도 너무 빠릅니다. 뒤늦게 운동을 하고 가족이나 친구지간에 관계를 개선하고 싶어도 여의치가 않는 나이가 됩니다.

60대의 인생 속도는 시속 60킬로미터로, 70대는 70킬로미터로, 80대의 인생 속도는 80킬로미터로 달립니다. 나이 들면 들수록 인생 속도가 너무 빠르게 흘러갑니다. 이 나이쯤에는 '인생이란 참 짧구나.'라고 생각하게 됩니다. 그리고 모든 것이 외롭고 허전한 마음이 드는 시기입니다.

이 허전한 마음에서 그래도 위안이 되는 것은 돈입니다. 풍족하지는 않지만 아이들에게 손 벌리지 않고 손자, 손녀 녀석들 용돈이나 학원비 보태

줄 정도이면 다행입니다. 하지만 대부분 어르신들은 경제 활동의 어려움을 자식들에게 의지하는 경우가 많습니다. '난 그렇지 않을 거야.'라고 다짐하고, 설마라고 생각할 수 있지만 현실은 현실일 뿐입니다.

지금도 어느 한 쪽에서는 부모님과의 타고난 인연조차도 버리는 사람들이 한두 명이 아닐 것입니다. 노후에는 돈이 있어야 어른 대접을 받을 수 있는 것이고, 돈이 없을 경우에는 나이든 노인네 대접밖에 받을 수 없습니다. 매정하게 들릴지도 모르지만 앞으로 여러분이 어르신이 될 경우에는 자식들에게 손 벌릴 사회적 형편이 더더욱 아닐 것입니다.

결론적으로 지금부터 앞으로의 노후까지 스스로 책임지는 시대입니다. 현재도 그러한데 지금보다 30, 40년 뒤는 더더욱 그러한 사회가 될 것입니다. 생각만하여도 소름이 끼치는 시대가 다가온다는 것이죠. 결국 자신의 노후 인생 농사를 하루라도 빨리 준비해야 합니다. 물론 돈이 인생의 전부는 아닙니다. 돈 많다고 다 행복하다는 것은 더더욱 아닙니다. 하지만 나이 듦에 따라 인생 속도도 빨라집니다. 돈이라는 것이 옆에 있을 경우에는 대접이 달라지는 것은 사실입니다. 그러므로 돈에 대해 부정적이거나 배타적 생각을 가진다면 절대 돈이 당신의 주변에 오지 않을 것입니다.

에너지에 의하여 만물이 움직입니다. 원인 없는 결과가 없듯이 에너지 또한 긍정적인 에너지가 아닌 이상 돈이 부정적인 에너지 곁으로 오지 않을 것입니다. '세 살 버릇 여든 간다'는 속담이 있듯이, 돈에 대한 긍정적인 마인드와 앞날을 스스로 개척하고 말겠다는 프런티어 정신을 가지시길 바랍니다. 지금 당장부터 노후에 대해 준비하지 않으면 당신의 미래는 밝지 못합니다. 하지만 지금이라도 노후 준비를 철저히 한다면 당연히 미래는 달라집니다.

고등학교 다닐 적 한 친구가 있었습니다. 항상 뒤에서 공부보다는 '어떻게 하면 장난 한 건 올릴까?' 하는 친구였죠. 그 친구의 말은 한결같았습니다.

"인생 뭐 있어. 그냥 닥치는 대로 사는 거야."

대학에 들어가서도 이 친구는 닥치는 듯이 살았고 직장에서도 그냥 닥치는 대로 직장 생활을 하였습니다. 저녁에는 직장 동료들과 소주 한잔, 주말에는 자가용 타고 낚시하러 다녔죠. 문득 이 친구에게 투자성이 좋은 아파트 분양권이 있어서 투자를 권유해 주었습니다. 분양권이었기 때문에 초기에 2천5백만 원 밖에 들어가지 않았습니다. 그런데 프리미엄은 그 시기에 한 달에 1천만 원씩 올라가는 시점이었으므로 투자해 보라고 권유하였습니다. 그런데 이 친구는 이렇게 저에게 말하더군요.

"야, 부동산 투자는 너 같은 사람만 하는 거야. 나의 꿈과 희망은 한 달에 꼬박꼬박 50만 원씩 들어가는 근로자 장기 적금이야."

더 이상 할 이야기가 없었습니다. 2년 뒤 그 아파트는 분양가 대비하여 2억 원이 올랐습니다. 물론 그 친구의 꿈도 이루어졌죠. 적금 만기가 되어 적금을 탔으니까요. 현재는 그 친구와 연락이 되지 않고 있습니다. 어디에서 무엇을 하는지 모르겠으며 소문에 의하면 퇴직 후 집에서 쉬고 있다고 하더군요.

어떤 친구는 20대 중반에 벌써 백화점 관리직에 들어가게 되었습니다. 20대 중반에 적지 않은 월급이라는 것을 타보았고, 백화점 관리 직원이었으므로 백화점 아가씨들에게 선망의 대상이었습니다. 인물도 좋았고 키도 컸고 관리 직원이었으므로 인기가 대단하였죠. 처음 석 달 동안은 집에 월급을 갖다주더군요. 하지만 그 이후부터는 아가씨들이랑 데이트를 즐기다보니 월급을 집으로 가지고 온 날이 없었다고 합니다. 20대 후반에는 신용 카드사에서 집으로 전화가 왔었답니다. 신용 카드 금액이 연체되었다고요. 그러한 신용 카드사가 한두 군데도 아니고, 결국 회사에 사직서를 제출하였지요. 결혼 이후에 아이들까지 있지만 지금까지 어렵고 힘들게 살아가고 있습니다. 결국 20대 첫 단추를 잘못 낀 경우에는 30대 이후의 미래란 행복할 수가 없습니다. 이처럼 중년 이후가 어려운 사람들의 특징으로 본다면 다음과 같은 잘못된 습관이 있었습니다.

먼저 20대부터 돈 모으는 재미보다는 돈 쓰는 재미를 먼저 배웠습니다. 자본주의에서는 서민들이 돈 쓰는 것을 좋아합니다. 자본주의에서는 심지어 쓸 돈이 없다면 신용 카드까지 만들어 주면서 돈을 쓰라고 하지 않습니까? 한때는 지나가는 서민들이나 용돈 받는 대학생, 심지어 고등학생에게도 신용 카드를 만들어주어 사회적 난리를 겪은 일도 있었습니다. 경기를 살린다는 미명 하에 돈 없는 사람들에게 돈 쓰는 습관부터 가르쳤으니, 여기에 말려든 사람들이 어디 한둘입니까? 그 당시 여기에 말려든 사람들 중에 아직까지도 어렵고 힘들게 살아가는 사람들이 얼마나 많습니까? 자본주의 국가에서 신용 카드를 주는 것은 서민들 돈 벌라고 주는 것이 아닙니다. 서민들에겐 하나의 족쇄일 뿐입니다.

　두 번째, 일단 소비부터 하고 그 다음 달 메꾸는 습관이 있습니다. 어떻게 보면 마이너스 인생을 살아가는 것이죠. 한 푼, 두 푼씩 돈이 쌓이는 것이 아니라 돈 없이 외상으로 쓴 만큼 다음 달 그 외상값을 갚는 이들입니다. 자연히 돈이 모일 리가 없겠죠. 부자가 된 사람들의 습관은 일단 번 금액에서 저축을 한 이후의 금액을 소비하는 특징이 있습니다. 따라서 부자들은 항상 통장에 돈이 남아있고, 빈자들은 항상 마이너스 통장을 쓰면서 지냅니다. 이 상태에서 만약 회사를 그만두게 되거나, 몸이 심각하게 아프다면 말하나 마나가 되는 것입니다. 월급은 단지 한달 살아가는 생활비밖에 되지 않으면서 어찌나 돈 쓰기를 좋아하는지요? 그러니 돈이 모일리가 없고 노후가 힘들어집니다.

　세 번째, '돈이 인생의 전부가 아니다.'라는 생각을 합니다. '돈이 인생의 전부가 아니다. 돈 많다고 행복한 것이 아니다.'라고 주장합니다. 그러면서 내면을 들여다보면, '누가 나에게 돈 빌려주지 않나?' '누가 나에게 공돈을 주지 않으려나?' '누가 나에게 도움을 주지 않으려나?'라는 기대를 합니다. 막상 도와주지 않으면 "저 사람 나쁜 사람이다. 돈만 아는 흉측한 사람이다. 잘 먹고 잘살아라." 등등의 이야기를 하죠. 본인은 정작 돈이 없어 힘들어하고 그 가족들조차도 가난에 찌들어 힘들어하지만 겉으로는 또 이렇게 말합니다.

"돈이 인생의 전부가 아니야."

"돈 많다고 행복한 것은 아니야."

제발 부탁입니다. 돈이라도 좀 벌어본 뒤에 돈 걱정 없이 살 수 있는 단계에 이른 뒤에 이런 말 좀 해주시면 좋겠습니다.

돈 번 사람들의 특징은 한결같습니다. 돈을 돈으로 생각하고, 돈이 많으면 많을수록 나와 우리 가족을 지킬 수 있으며 나의 자존심과 명예와 행복까지도 지킬 수 있다고 여깁니다. 따라서 부자면 부자일수록 돈을 더 아껴 쓰고 돈을 귀하게 생각합니다.

네 번째, 공부하지 않는 습관입니다. 여기서의 공부는 인생 살아가는 공부와 재테크 공부를 포함해서입니다. 물론 인생 살아가는 공부만 하고 재테크 공부를 안 할 수도 있겠지만 부자로 성공한 사람들의 특징으로는 그 어떤 책이든 책속에서 길을 찾습니다. 그러나 실패한 사람들은 일단 책과 담을 쌓고 살아갑니다. 다음은 40대 중반의 모 중소기업 사장이 한 말입니다.

"아, 내 인생 20대 후반, 사업이 잘 될 때 누군가가 나에게 돈 관리하는 방법만 알려주었더라도 이렇지는 않을 텐데 어떻게 보면 내가 다른 앞선 사람들의 이야기를 책을 통하여 배우고 익혔다면 이런 단계에 이르지 않았을 텐데…. 배 교수님! 젊은 친구들에게 꼭 이런 말씀 좀 해주시길 바랍니다. 젊어서 읽는 책은 정말 인생의 보물이라고 말이지요."

다섯 번째, 사람과 시간을 소중하게 여기지 않습니다. 인생에 있어서 잘못된 생활 습관을 가진 사람들 중 가장 큰 특징이 나이가 들어 주변에 친한 친구들이 없다는 것입니다. 주변에 친구가 없다는 이야기는 사람을 소중하게 생각하는 마음이 없기 때문입니다. 주변을 둘러보면 친구가 많은 사람들치고 가난한 사람이 없으며, 친구가 없는 사람치고 부자인 사람이 드물다는 것입니다. 돈은 사람에게서 오는 것이므로 사람에게 잘하는 사람치고 가난한 사람을 보기 어렵습니다. 또한 사람과 사람 간에 신뢰가 있어야 하는데 이러한 신뢰는 바로 약속입니다. 이러한 약속 시각을 소중히 여기는 사람과 약속 시각을 밥 먹듯이 어기는 사람은 결국 나이 들어서 차이가 나게 됩니다. 부자들의 경우에는 약속 시각에 어떠한 일이 있더라도 일찍 나와 기다립니다. 심지어 1시간 전, 30분 전에 나와서 천천히 책을 읽거나 생각을 정리하면서 기다립니다. 반면에 가난한 사람들은 꼭 약속 시각에 맞추어 움직이다 보니까 10분이나 20분 많게는 30분 늦게 나타나곤 합니다. 그러면서 '차가 많이 막혀서, 갑자기 일이 생겨서요.'와 같은 핑계를 댑니다. '세 살 버릇 여든 간다'는 말처럼, "돈에 대한 나쁜 버릇은 죽을 때까지 가고 돈에 대한 좋은 버릇도 죽을 때까지 갑니다."

PART 5

돈 굴리는 법-
부자의 길로 들어서는
돈 굴리는 법

CHAPTER 1
성실하게 저축만하면
왜 가난해질까요?

당신이 언제나 하던 대로 한다면 언제나 얻던 것만을 얻을 것이다.
- 웨이트 와처스

저축을 열심히 하는데 나는 왜 저축한 만큼 부자가 되지 못하고 가난해지는 것일까? 그 부분에 대해서 한번 이야기를 해보겠습니다. 먼저 금리를 살펴봐야지요. 2020년도에는 1년 예금 금리는 약 1퍼센트대입니다. 여유 돈 1억 원을 예금을 하면 1년에 이자가 약 1백만 원이 나옵니다. 여기에 12개월로 나누게 되면 한 달 약 8만 원 정도를 이자로 받게 됩니다. 1998년도 예금 금리가 연 13.84퍼센트였는데요. 1억 원을 맡기면 1년에 1300만 원을 이자로 주었습니다. 1300만 원을 12개월로 나누면 한 달에 약 110만 원 정도를 이자로 받을 수가 있었습니다. 그 시대에는 이자가 그 정도로 높았다는 말입니다. 말 그대로 1억 원 정도만 있어도 은행 이자로 먹고살 만한 시대였다고 말씀드릴 수 있습니다. 하지만 지금은 은행 이자로 먹고살기가 힘든 시대입니다. 그래서 지금 시대는 투자를 생각하지 않을 수 없습니다. 따라서 주가가 오르고 부동산 가격이 급등하는 것 아니겠습니까?

그럼 '앞으로 예금 금리가 오를 가능성은 많지 않을까요?'라고 생각하는 분들도 계시겠죠. 죄송하지만 지금은 저성장, 저금리 시대입니다. 특히 전 세계가 코로나 19로 인하여 경제 자체가 꽁꽁 얼어붙었습니다. 여기에다가 미국과 중국의 무역 분쟁과 영국의 브렉시트 탈퇴, 우리나라와 일본의 경제 전쟁 등으로 대외적, 대내적 여건 모두 우리나라의 경제사정이 좋지 못한 실정입니다. 그리하여 정부의 통화 정책은 금리 인하를 선택하고 있습니다. 이러한 시국에 금리를 올리기는 쉽지가 않아 보입니다. 오히려 지금보다 앞으로 금리 인하를 할 가능성도 더 높아 보입니다. 따라서 정부는 0퍼센트 대의 금리 통화 정책으로 경제를 살리고자 노력할 것으로 보입니다. 여기에다가 2020년 2분기 현재, 우리나라 가계 빚이 1637조 원을 돌파했다고 합니다. 이런 상태에 금리 1퍼센트가 오르면, 대출 금리 1퍼센트가 오를 것이고 그러면 1년에 16조 원이라는 돈을 은행 이자로 더 납부해야 합니다.

그런데 지금 여러분이 아시다시피 먹고 살기 어려운 시대고, 사업을 해도 제대로 안되고, 장사를 해도 제대로 안 되는 시대 아닙니까. 이런 시대에 '은행 이자를 1퍼센트를 올리겠다.' 그러면 기업이든 가계든 대량 부실화가 일어날 가능성이 많아지는 것입니다. 따라서 정부로서는 함부로 금리를 올릴 수가 없다는 얘깁니다. 예금 금리를 더 올리지 못하는 이유로는 낮은 물가 상승률에 있습니다. 2017년도의 물가 상승률은 1.9퍼센트였는데요, 2018년의 물가 상승률은 1.5퍼센트, 2019년의 물가 상승률은 0.4퍼센트입니다. 일반적으로 우리가 금리를 올린다는 것은 물가가 상승할 때, 인플레이션 현상이 일어날 때, 물가를 잡기 위해서 금리를 올리지 않습니까. 그런데 이건 오히려 2017년도의 물가 상승률은 1.9퍼센트, 2018년의 물가 상승률은 1.5퍼센트, 2019년의 물가 상승률은 0.4퍼센트로 하락하고 있다는 말입니다. 그러니 정부 입장에서는 함부로 금리를 올릴 수가 없는 그러한 상황입니다.

여기서의 포인트는 단지 저축만 하는 것을 말합니다. 저축도 하고 투자도 하는 사람은 가난해질 가능성이 낮아집니다. 그렇다면 왜 저축만 하는데 가난해질까요?

첫 번째, 실물 자산의 인플레이션입니다. 다시 말해 실물 자산들의 가격 상승입니다. 한국 물가 정보에 의하면 라면 1봉지당 1988년도에 100원 하던 것이 2015년에는 634원 하고, 커피 한잔 가격이 1988년도에는 평균 558원 하던 게 2015년도에는 4,100원이랍니다. 이렇게 물가는 때로는 많게 때로는 적게 올라간다는 얘깁니다. 또 물가만 올라가는 게 아니지 않습니까? 1990년대 초 분당 신도시 아파트 매매금액이 5천만 원이었는데요, 1990년도 초 대기업 직장인 연봉이 대략 2천만 원이었습니다. 그러면 대기업 다니는 사람들은 약 2.5년 정도만 모으면 분당과 같은 신도시에 있는 아파트

한 채 구입이 가능했다는 얘깁니다. 그런데요, 2019년도 초에 분당 신도시 아파트가 이제 매매 금액이 10억 원을 넘었다는 얘기예요. 그러면 대기업 평균 연봉이 얼마냐고 하면 약 5천만 원이라고 가정하자는 얘기예요. 대기업 연봉이 5천만 원인데 매매 금액이 대기업을 다니면서 '분당 신도시에 있는 아파트를 한 채 장만해야겠다.'라고 하면 기간이 20년이 걸립니다. 그러니 저축만 해서는 부자되기가 어렵습니다.

두 번째, 소득에 대한 양극화입니다. 근로 소득 상위 0.1퍼센트는 연 6억 6천만 원을 번다고 소득신고를 한답니다. 한 달에 대략적으로 5천만 원 대를 번다는 얘기지 않습니까? 그런데 하위 10퍼센트는 1년에 연 70만 원을 번다고 소득신고를 합니다. 엄청난 차이가 나지 않습니까. 근로 소득 상위 0.1퍼센트는 6억6천만 원을 버는 데 하위 10퍼센트는 연 70만 원을 번다는 얘깁니다. 이자 소득을 한번 볼까요? 상위 0.1퍼센트는 연 4,815만 원이라는 이자를 받아가는 데, 하위 10 퍼센트는 연 28원이라는 이자를 가져간답니다. 더 놀라운 사실은, 세 번째에 있죠. 배당 소득입니다. 배당 소득은요 상위 0.1퍼센트가 연 8억1,677만 원을 가져가는데요, 하위 10퍼센트는요, 연 79원을 가져갑니다. 이건 무엇을 의미하나요? 소득 양극화라고 볼 수 있겠죠. 내가 아무리 열심히 일해도, 결론적으로는 많이 버는 사람들이 더 많이 가져가는 세상입니다.

세 번째, 부동산 양극화입니다. 직장 생활은 서울에서도 할 수 있고, 대전에서도 할 수도 있고, 부산에서도 할 수 있고, 지방 중소 도시에서도 할수 있습니다. 하지만 부동산 가격을 놓고 볼까요? 어떤 광역시에 있는 15평 아파트의 2013년도에는 매매 금액이 7천2백만 원, 2014년도에는 7천2백만원, 2019년 5천6백5십만 원이라는 이야기입니다. 즉, 7천2백만 원에서 5천6백5십만 원으로 아파트의 가격이 떨어졌습니다. 그런데 수도권의 어떤 시의 15평짜리 소형 아파트는 2013년도 1억5천만 원, 2015년도 1억7천5백만 원, 2019년도 3억 원입니다. 시간이 지나면 지날수록 가격이 올라갔습니다. 그렇다면 이처럼 가격 차이가 나는 이유가 무엇일까요?

1997년 외환위기를 거치면서 어쩔 수 없이 우리나라는 세계 거대자본과 싸워야 되었습니다. 그 속에 세계화가 이루어졌고 양극화가 이루어졌고 비정규직 시대가 왔습니다. 그리고 2008년도 외환위기를 거치면서 중산층, 자영업자의 몰락이 있었고, 예전보다 더 철저한 양극화 시대가 도래했습니다. 따라서 서울 수도권과 광역시 같은 경우에는 아파트 가격이 상승하는데 반하여, 지방 중소도시의 아파트 가격은 거의 비슷하거나 오히려 하락했습니다. 또한 같은 광역시라고 하더라도 오르는 지역이 있고 오르지 않는 지역이 있습니다. 심지어 같은 동네의 아파트 사이에도 오르는 아파트가 있고 오르지 않는 아파트가 있지 않습니까? 이처럼 부동산 시장도 철저한 양극화 시장이 되었습니다. 특히 2000년도 중반 이후에 저금리 시대가 됐잖습니까. 이렇게 저금리 시대가 도래됨으로써 예전 고금리 시대에는 은행 예금이 최고의 재테크가 되었겠죠. 하지만 지금은 은행 예금으로는 돈을 벌 수 있는 시대가 아닙니다. 따라서 부동산이 되었든, 주식이 되었든 투자 종목으로 돈이 흘러가는 재테크 시대입니다.

몇 년 전 특성화 고등학교를 졸업하고 취업하고 스물한 살의 나이에 수도권에 있는 작은 아파트를 매수한 사람이 있었습니다. 매매 금액은 2억4천만 원이었고, 전세가 2억1천만 원이었으니, 실투자 금액은 3천만 원 정도 들어갔습니다. 그런데 그 아파트의 가격이 현재는 3억4천만 원이 넘어갔습니다. '재테크에 빨리 눈을 떴다.'라고 볼 수 있겠습니다. 이처럼 어떤 신입사원은 대학교 나오고 군대 나오고 27, 28세에 대기업에 들어갔다 하더라도 3년, 5년, 8년, 10년 이렇게 적금만 드는 사람이 있는 반면에, 나이 20살 초반에 적금을 1년 단위로 짧게 들고 재테크를 시작하여 수익을 창출하는 경우도 있습니다. 현재는 2000년생들이 소형 아파트를 매수하기도 하지 않습니까?

"야, 이거 미쳤다. 그 어린 나이에…."

"부동산이 미쳤다. 부동산에 사람들이 미쳤다."라고 말씀하시기 이전에 '이제 시대가 많이 바뀌었다.'라고 생각하셔야 합니다.

그렇다고 해서 '부동산이 무조건 최고다. 지금 당장 투자하라. 적금하지 마세요. 예금하지마세요.'이런 말은 절대 아닙니다. 돈이 없을 경우에는 당연히 돈을 모으기 위해서 적금 들으셔야죠. 또 돈을 모았으면 예금도 하셔야죠. 돈이 없으면 목돈을 만들어야 될 것 아닙니까. 당연하지요. 이제 그런 다음이 중요합니다. 1년 단위의 적금 만기가 되면 다시 1년 단위의 정기 예금을 하고, 다시 1년 단위의 적금을 하는 방법으로는 돈 모으기가 힘들다는 것입니다. 따라서 저축만 열심히 해서는 돈 모으기가 힘들겠지요.

어느 정도 돈이 모였다면 그런 돈을 가지고 이제는 굴리는 시대입니다. 다시 한번 말씀드립니다. 지금 당장 투자하라는 말은 절대 아닙니다. 지금은 시기적으로 봐도 짧은 재테크 실력으로 당장 투자를 해서 돈 벌기는 다소 어렵습니다. 물론 이런 시장에서 수익을 낼 수 있는 틈새 시장은 있지만, 현재 여러분의 지식과 지혜로 덤비기에는 무리가 있어 보입니다. 다만 확실히 아셔야 할 것은 시대가 바뀌었다는 사실입니다. 바뀐 시대에 맞서서 싸우려는 시각은 버리시고요, 달라진 환경을 받아들이고 그러한 환경에 순응하면서 생존하고자 하는 그런 열린 마인드를 꼭 가지시길 바랍니다.

CHAPTER 2
돈 굴리기의 기본 중 기본 청약 통장 만들기

돈을 버는 방법은 거리에 피가 넘쳐흐를 때 투자하는 것이다.

- 존 록펠러

1990년대 초반, 청약 광풍의 시대였음

1990년대 후반, 청약 암흑의 시대, 미분양 아파트 문제가 발생함

2000년대 초반, 청약 통장 해지의 시대, 청약 통장은 끝났다고들 함

2000년대 중반, 청약 광풍의 시대였음

2000년대 후반, 청약 암흑의 시대, 미분양 아파트 문제가 발생함

2010년대 초반, 청약 통장 해지의 시대, 청약 통장은 끝났다고들 함

2010년대 중·후반부터 현재까지, 청약 광풍의 시대가 다시 옴

위의 글은 1990년부터 현재까지의 아파트 청약에 관한 기사들을 핵심 정리한 것입니다.

청약 광풍에서부터 청약 암흑의 시대까지 이처럼 변천되어왔습니다. 청약 광풍의 시대에는 말 그대로 아파트 청약으로 인하여 돈을 번 시대였으며, 청약 암흑의 시대에는 아파트를 청약받을 경우에 마이너스 프리미엄으로 인하여 많은 이들이 손해를 본 시대이기도 하였습니다. 현재에 이르러서는 아파트 청약은 로또 복권에 비유되기도 합니다. 다시 말해, 아파트를 분양받으면 적게는 몇 천만 원에서 서울 수도권의 경우에는 1~2억 원에서 7~8억 원까지 벌 수 있는 기회이기도 합니다. 이처럼 아파트를 분양받기 위해서는 기본적으로 청약 통장이 있어야 합니다.

청약 통장이라고 함은 '재테크의 기본'이자 '내 집 마련의 기본'이며 '돈 굴리기의 기본'입니다. 돈을 굴리고 싶다면 기본적으로 청약 통장을 만들어야 합니다. 청약 통장을 아직도 모르거나, 청약 통장 가입을 안 하신 분들은 재테크에 있어서 아직 거리가 먼 사람들입니다. 먼저 청약 통장이란 아파트를 분양 받을 기회가 주어지는 것을 말합니다.

예를 들어 '3기 신도시에 아파트를 분양한다. 위례 지역에 아파트를 분양한다.' 등의 이야기가 바로 아파트를 분양한다는 말이고, 이러한 아파트를 분양받기 위해서는 기본적으로 청약 통장에 가입해야 합니다.

특히 인기 있는 지역에 그것도 분양가 상한제를 적용하여 시세에 아파트 반값 가까운 가격에 아파트를 분양한다면, 분양받고자 하는 수요자가 많을 것이고 수요자가 많기 때문에 여러 가지 제한을 두는 것이지요. 즉, 일정한 요건과 자격이 되면 아파트를 분양받게 해준다는 의미입니다. 따라서 하루라도 빨리 이러한 요건과 자격을 충족시키기 위하여 청약 통장을 기본적으로 가입해야 합니다. 그러면 질문하실 분들이 많아 보이는데요,

일반적으로 아파트를 분양 받으면 2년 6개월 내지는 길게는 3~4년이라는 시간이 소요되기도 합니다. 계약금을 지급하고 중도금을 수차례에 걸쳐 지급하고 마지막 잔금을 지급하면 아파트 입주일이 됩니다. 따라서 분양 가격 전부가 당장 계약할 때 필요한 것이 아니라, 처음에는 계약금 약 10~20퍼센트만 납부하고 몇 개월에 한 번씩 중도금을 납부하고 아파트가 다 완공되어 입주하는 시기에 잔금을 납부합니다. 따라서 시간이 보통 2~4년이 걸리므로 처음 아파트를 분양받을 계약금만 납부하고 중도금과 잔금은 천천히 납부하면 됩니다. 어떤 경우에는 계약금만 납부하고 중도금은 이자후불제 또는 무이자도 있습니다.

아파트 청약으로 내 집 마련의 꿈을 이루고 추가로 시세 차익까지 얻는다면 왜 아파트를 청약 받을까요? 그 답은 간단하게 판교 신도시나 위례 신도시 등을 생각하시면 됩니다. 판교 신도시에 처음 분양할 때 몇 억 하는 아파트 가격이 지금에 와서는 10억 원 대가 넘어갔지 않습니까? 위례 신도시 또한 그렇습니다. 이처럼 인기 있는 지역의 아파트를 분양받으면 돈이 됩니다. 특히 요즘은 분양가 상한제라 분양가를 시세의 30~40퍼센트로 할인하여 분양하는 것이므로 서울 강남 같은 경우에는 시세 10억 원 하는 아파트를 6억, 7억 원에 분양하므로 그 자리에서 프리미엄이 몇 억이나

생기게 됩니다. 시세 20억 원 하는 아파트 같은 경우에는 분양가격이 12억, 13억 원에 분양하는 것이므로 프리미엄이 7억, 8억이 되는 것이죠. 따라서 로또 청약이라는 말이 나오는 것입니다. 이런 시세 차익에 대한 이익도 있지만은 무엇보다도 내 집 마련을 하루 빨리 할 수 있는 장점이 있지 않을까요? 따라서 내 집 마련을 위해서라도 하루 빨리 청약 통장을 만드는 게 유리합니다.

다만, 현재 목돈이 없다면 이러한 청약 통장을 이용한 투자에 있어서는 장기적인 계획과 장기적인 안목이 중요합니다. 예를 들어서 분양가 3억 원인 아파트를 분양받을 시점에 자금 계획을 잘 짜야 한다는 말이죠. 물론 분양가 3억 원이라고 해서 3억이 현금으로 다 있어야 투자하는 것은 아닙니다. 일반적으로 계약금 10퍼센트, 납부하고 중도금 10퍼센트씩 6회 차 정도 납부하고, 잔금 30퍼센트 정도 납부하는 것이지요. 따라서 이러한 자금계획을 잘 짜서 분양을 받으셔야겠죠. 또한 분양 시장이 좋다고 하여 아무 곳이나 비싸게 분양하는 아파트를 분양받을 필요는 없겠죠. 뭐든지 투자의 제 1원칙은 '싸게 사서 비싸게 파는 것' 아니겠습니까? 따라서 비싼 분양가의 아파트는 청약으로 분양받으면 손실 날 가능성도 크다는 점을 유의하시길 바랍니다.

부동산 시장은 수시로 변화되고 있습니다. 때때로 분양 시장이 과열되고 경쟁자들이 많고 아파트를 분양받으면 로또 복권에 당첨된 것 같을 수도 있지만, 과거의 부동산 시장 불경기 때 같은 경우에는 '전국적으로 미분양 아파트가 10만 세대나 증가되었다.' 등의 이야기들도 나옵니다. 이처럼 부동산 경기가 좋지 않을 경우에는 '전국적으로 미분양 아파트들도 많은데 청약 통장이 필요 없다.'라는 말들도 나옵니다. 그리고 은행에 예금되어 있는 청약 예금도 해지하는 사례들도 발생하였습니다. 하지만 또 시간이 지난 후에는 청약 광풍이니 뭐니 이런 이야기들이 다시 나올 시기가 또 올 수 있습니다. 이러한 의미에서 본다면 청약 통장 가입은 재테크의 기본 중 기본입니다. 청약 통장은 부동산 경기가 좋을 때나 나쁠 때나 항상 유지해야할 필요가 있습니다.

CHAPTER 3

돈을 굴리려면 자신의 꼴부터 알아야 합니다

노력이 지겨워질 때조차 한걸음 더 나아가도록
자신을 독려할 수 있는 사람이 승리를 거머쥔다.
- 로저 베니스터

부자가 되고 싶으시죠? 그럼 제일 먼저 자신부터 제대로 파악해야 합니다. 부자에 관련된 좋은 책과 좋은 말과 좋은 강연회를 듣는다고 하여도 자신의 처지를 모르면 부자가 되기는 힘듭니다. 부자가 되고 싶다면 가장 먼저 현재의 자신의 꼴을 제대로 알아야 합니다. 우선 필자가 생각하는 부자가 되고자 하는 사람들의 여섯 가지 꼴입니다. 어디에 해당하는지 한번 생각해 보시길 바랍니다.

첫째, 가진 것도 없고 현재 벌어 놓은 것도 없다. 직업도 없다. 무조건 직업을 가지세요. 본업 없이는 부자가 되기 어렵습니다. 또한 힘들게 살아야 합니다. 집을 사기 이전에 서울역이나 대전역에 몰릴 수도 있다는 말입니다. 지금까지는 부모님의 도움으로 먹고 살지만 앞으로 부모님이 돌아가신다면 어떻게 살아갈 수 있을까요? 이처럼 '일하지 않고 부자가 되겠다.'라는 생각을 일단 버리시길 바랍니다. 제가 보기에 돈이 신이라면 당신에게 다가갈 이유가 하나도 없습니다.

돈에게 조금이라도 잘 보이려면 먼저 직업을 가지시길 바랍니다. 직업을 가진 후에도 월급이 적네, 많네 말씀하시지 마세요. 당신의 노동력에 비하여 그만한 돈도 적은 돈이 아닐 것입니다. 정 기분이 나쁘면 다른 직장을 구해보시길 바랍니다. 하지만 대부분이 직장을 바꿀 경우에는 지금보다 더 적은 월급을 받게 될 것입니다. 현재 직장에 만족하시지 못하거나 직장을 쉽게 그만두거나, 옮기려고 하는 사람들에게는 부자의 기회 또한 어렵게 다가 올 것입니다. 따라서 이런 말 저런 말 하시지 마시고 무조건 직장을 구하세요. 그곳에서 최고를 위해 온 힘을 다하시길 바랍니다.

둘째, 가진 것도 없고 벌어 놓은 것도 없지만 직업은 있다. 현재의 직장에서 온 힘을 다하시길 바랍니다. 본업에 온 힘을 다하지 않고 재테크, 투자에 현혹되면 내 꼴을 모르고 악수를 두는 경우가 많습니다. 여기서의 악수는 '없는 자에게는 생명줄을 놓은 것'과 마찬가지입니다. 부자들은 악수를 놓아도 다른 투자처에서 손실을 만회할 수 있지만, 없는 자들의 투자 실수는 평생 후회하면서 살아야할 족쇄일지도 모릅니다. 벌어놓은 돈이 없다고 투덜거리지 마시길 바랍니다. 어차피 목돈이 있어도 아는 것이 없어서 투자하지 못하지 않습니까? 따라서 욕심부리지 말고 무조건 본업에 충실하세요. 그리고 시간을 내서 재테크 책을 읽고 강연도 들으면서 내공을 쌓아나가시길 바랍니다.

셋째, 가진 것도 없고 벌어 놓은 것도 없지만 직업은 있다. 그리고 투자 공부도 했다. 내공이 쌓였다고 자만하지 마시길 바랍니다. 당신이 아는 것들은 부자들 입장에서 누구나 다 아는 사실입니다. 내공의 결실은 닦으면 닦을수록 부족함을 느껴야 하지만 서민들은 자신의 작은 내공을 가지고 천하를 얻은 것처럼 생각하고 행동합니다. 부자들은 실력으로 운을 몰지만 당신은 재수로써 운이 온 것입니다. 그런데 재수는 영원히 이어지지는 않습니다. 이 말에 기분이 나쁘시거든 더욱더 실력을 쌓기 위하여 노력하세요.

투자에 있어서 재미가 솔솔 날 때도 있을 것입니다. 그때 자본의 숲속에서 당신의 돈을 노리는 사자 같은 전문가들을 조심하시길 바랍니다. 전문가의 말은 달콤합니다. 때로는 돈줄이 되기도 하지만 때로는 독약이 되기도 합니다. 독약을 풀었다 하더라도 전문가는 죽지 않습니다. 다만 독약을 먹은 사람들만 죽어나갈 뿐이죠. 자칭 전문가들은 또 다른 서민들을 찾아서 떠날 뿐입니다. 죽는 사람은 바로 약간 아는 지식으로 많이 아는 것처럼 행동한 당신뿐입니다.

넷째, 가진 것과 벌어 놓은 것도 있으며 직업도 있다. 하지만 내공이 전혀 없다. 가진 집과 종잣돈이 있다고 좋아하지 마세요. 지금의 종잣돈과 집은, 부자 부모님을 만나서 얻은 재수일 뿐입니다. 또한 열심히 일한 당신의 노력과 살림을 잘 해온 아내와 말썽 안 부리고 튼튼하게 자란 자녀들 덕분입니다. 그런데 이러한 분들은 숲속의 사자들이 가장 좋아하는 사냥감입니다. '돈은 있고, 아는 것은 없다.' 이 보다 더 맛있는 돈 사냥감이 어디에 있겠습니까? 투자에 있어서 사자들을 믿지 말고 열심히 공부해서 스스로 결정하고 선택하는 방법을 배워 나가시길 바랍니다. 투자에 있어서는 작은 것부터 큰 것으로 급하지 않고 차분하게 공부해 나가세요. 그리하여 직접 경험이든, 간접 경험이든 내공을 넓혀 나가시길 바랍니다.

다섯째, 가진 것, 종잣돈, 직업도 있으나 내공이 짧다. 지금까지 잘 지켜온 부자의 기질과 습관을 잘 관리하기 바랍니다. 가난뱅이의 기질, 즉 놀고 싶고, 맛난 것 먹고 싶고, 애인을 사귀고 싶고, 자랑하고 싶고, 이런 마음은 폭풍처럼 오지 않습니다. 조그마한 바늘구멍처럼 와서 당신을 시험할 것입니다. 당신이 이것을 지키지 못하면 바늘구멍은 태풍이 들어오는 구멍이 될 수도 있습니다. 가난한 사람들은 당신의 전철을 밟은 선배들입니다. 가난한 선배들 꼴 되기 싫으면 나보다 더 큰 부자들을 목표로 삼아 지금보다 더 노력하시길 바랍니다. 그리고 지금보다 더 나은 부자 습관을 지니도록 노력하세요.

여섯째, 가진 것, 종잣돈, 직업, 내공이 10년 이상이다. 귀하는 복 있는 사람입니다. 그 복이 부모님을 잘 만났는지 아니면 결혼을 잘했는지, 아니면 자수성가하여 눈물겨운 성공을 이루었는지는 몰라도 매사에 감사하고 겸손한 마음이 이렇게 당신을 부자로 키운 것입니다. 다만, 더 큰 부자가 되기 위해서는 나눔의 법칙이 있으므로 나눌 줄 아는 미덕이 있어야 합니다. 캐서린 폰더의 《부의 법칙》에서도 "경제적인 성공이란 자신의 능력 15퍼센트에 다른 사람들과 어울리는 능력 85퍼센트가 더해져 이루어지는 것이다."라고 하였듯이, 부는 나눌수록 더 커진다는 사실을 알고 더 큰 부자가 되기 위하여 이웃과 나누면서 더 큰 부를 이어가시길 바랍니다.

CHAPTER 4
돈을 굴리고 싶다면 반드시 깨야할 부동산 편견 다섯 가지

급변하는 세상에서, 가장 큰 리스크는 어떠한 리스크도 감수하지 않는 것이다.
- 마크 저커버그

우리 모두에게는 꿈이 있습니다. 지금보다는 더 나은 삶, 그리고 지금보다 더 나은 경제적 자유를 얻고 싶은 것입니다. 결국 지금보다는 좀 더 많은 돈을 벌어야 한다는 숙제가 우리 앞에 놓여있습니다. 그러면 '어떻게 돈을 더 벌 것인가?' 결국 이것이 가장 중요합니다. 결국은 소비를 줄이고 아껴 쓰며, 모은 돈을 가지고 투자하고, 그리하여 월급 말고 수익을 창출해 내는 것, 이것밖에는 없습니다.

투자는 크게 주식 투자와 부동산 투자로 나누어지는데요, 주식 투자 굉장히 위험합니다. 그리고 굉장히 불안합니다. 저 또한 주식 투자를 많이 해 본 결과 수억 원이라는 돈이 손실 나더군요. 그래요, 주식 투자도 해보고 사업이라는 것도 해봤는데, 주식 투자도 위험하고 개인 사업도 위험하고 가장 안전한 것은 역시 부동산밖에 없더군요. 그래서 우리나라의 부자들은 '부동산을 통해서 부자의 꿈을 이룬 사람들이 많다.'라는 겁니다. '부자의 대명사는 어떻게 보면 부동산이지 않을까'라고 생각합니다. 그래서 평범한 사람들도 부자가 되기 위해서는 역시 부동산 투자에 관심을 조금이나마 가지셔야 합니다. 그래서 부동산을 통해서 돈을 벌기 위해서 노력해야 합니다. 그러면 '부동산으로 돈 좀 벌어보자.' 이것이 핵심이지 않겠습니까? 그럼 제일 먼저 무엇을 해야 할까요? 여러분께서 이제부터 부동산에 대해서 관심을 가지고 '부동산으로 돈을 벌겠다.'라고 결심했다면 다음과 같은 부동산관련 편견부터 버리셔야 합니다.

첫 번째, 부동산은 돈이 많아야 투자를 한다. 어떻게 보면 부동산은 돈이 많아야 투자를 할 수 있죠. 당연하죠. 하지만 돈이 없다고 투자를 아예 못합니까? 그건 또 아닌 것 같아요. 대한민국에는 돈이 많은 사람, 즉 고액 투자자들도 많지만 소액 투자자들이 더 많다고 생각합니다. 그리고 어떻게 보면 한국의 부자들, 특히 처음부터 부자로 태어난 사람들은 그리 많지가 않습니다. 대부분의 사람은 돈 없이 본업부터 열심히 해서 돈을 모았고, 모은 돈으로 부동산을 사모아 부를 이룬 사람들이 더 많다는 것입니다.

앞서 한 번 설명했듯이, '매매가격이 2억 원 하는 작은 아파트가 있다.'라고 가정합시다. 그러면 전셋값이 1억7천만 원입니다. 소위 말하는 '전세 안고 매입하기'를 하면 결국 3천만 원이 들어간다는 얘기죠. 그러면 이 3천만 원이 물론 고액일수도 있겠죠. 하지만 통상적으로 본다면 이러한 3천만 원은 소액이라고 볼 수도 있습니다. 이것이 바로 흔히 생각하는 '부동산 투자를 하기 위해서는 최소한 몇 억은 있어야 될 거야.' 이러한 생각이 바로 편견이라는 것입니다.

두 번째, 부동산 투자는 하는 사람만 한다. 좋습니다. 부동산 투자는 하는 사람만 할 수도 있겠죠. 하지만 사람이 태어날 때부터 이마에 '부동산 투자자, 평생 남의 집에서 살 사람, 평생 월세 받으면서 편안하게 살 사람.' 이런 식으로 이마에 뭐 쓰여있나요? 우리 주변을 둘러보시더라도 또 이웃들을 둘러보더라도 '부동산 투자해서 몇 천만 원 벌었다. 또 부동산 투자해서 1억, 2억 벌었다.'라는 사람들을 보세요. 다 투기꾼들입니까? 또 친척들을 둘러보세요. 부동산 투자에서 내가 몇 억 벌었다라는 이야기를 우리가 종종 듣지 않습니까. 결국 부동산 투자는 하는 사람만 하는 게 아니라 우리랑 똑같은 사람들이 하는 것입니다. 다만 부동산에 관해서 관심을 가지고 공부하고 또 '돈을 벌겠다'는 마음을 가지고 좋은 투자처에 현명한 투자를 한 사람들은 돈을 번 것이고, 그렇지 못한 사람들은 평생 부동산 투자는 하는 사람만 한다고 편견을 가지는 것입니다. 그래서 부자가 되기 위해서는 일단은 이런 생각부터 버려야 합니다.

세 번째, 집은 거주의 목적일 뿐이다. 네 맞습니다. 집은 거주의 목적입니다. 그런데 어떤 집은 10년 전 가격에 비해서 5억이 올랐어요. 어떤 집은 10년 전 가격에 비해서 2천만 원이 떨어졌습니다. 그러면 여러분들이 만약에 떨어진 2천만 원 집에 거주하신다면 '휴, 정말 다행이다. 옆집은 5억 올랐지만 우리는 2천만 원 밖에 안 떨어졌어.' 이렇게 생각하는 사람은 이 세상에 없을 것입니다.

이왕이면 우리가 살고 있는 집이 거주의 목적+투자의 목적 이 두 가지가 동시에 이뤄진다면 이것만큼 행복한 일은 없습니다. 그러면 예를 들어서, 10년 전 가격하고 지금 가격하고 5억이 올랐다라고 하면 10년 동안 여러분이 5억 원을 버신거잖아요. 그러면 1년에 5천만 원씩 적금을 들은 거고. 생각만 해도 행복하잖아요. 그래서 '집은 거주의 목적뿐이다.'라는 편견을 깨뜨리셔야 합니다. 그래서 앞으로 '내 집 마련이 목표'라면 반드시 거주와 시세 차익 이것까지 염두에 두어야 합니다.

네 번째, 부동산 투자는 나쁜 것이다. 부동산 투자가 나쁜 것이면 평생 부동산 투자 한번 안 해 본 사람들은 착한 것입니까? 부동산 투자가 나쁘다고 하신다면, 정부가 주택을 지을 필요가 없죠. 또 정부가 신도시를 개발할 필요도 없고요, 지하철이나 도로나 이런 것도 개발하면 안 됩니다. 지금 시대가 어떤 시대입니까? 시간을 줄이는 속도전, 최첨단 시대가 아닙니까? 이런 시대에 살고 계시는데 '부동산 투자는 나쁘다.' 이러한 마음으로는 부자 되기가 어렵습니다. 그리고 돈 벌기가 힘들어집니다.

물론 부동산을 나쁘게 거래를 하는 경우도 종종 있긴 있습니다. 정상적인 거래가 아닌 불법과 탈법으로 거래하는 경우나 다운계약서, 업계약서를 쓰는 등 좋지 못한 행위를 하는 사람들도 간혹 있습니다. 하지만 그렇다고 해서 부동산 투자가 전부 나쁘다는 것은 아니지 않습니까?

분명한 것은 부동산을 통하여 돈을 버는 사람들이 있고 기존의 세입자에게 선하게 대하는 집주인들이 더 많다는 것입니다. 따라서 부동산에 대한 나쁜 편견은 버리세요. 본인이 좋은 부동산 투자자, 본인이 착한 집주인이 되시면 되지 않겠습니까?

다섯 번째, 부동산은 불안하다. 간혹 부동산을 불안하게 생각하시는 분들이 좀 계시는 것 같습니다. 맞아요. 부동산 가격 또한 오를 때도 있고 떨어질 때도 있기 때문에 불안한 부분도 분명히 있습니다. 하지만 부동산 가격 그래프를 10년, 20년, 30년 가격을 놓고 보시면 대부분 우상향 임을 알수가 있습니다.

따라서 조금 떨어졌다고 낙심하거나 불안해하실 필요가 없습니다. 느긋하게 생각하시고 기다리시면 부동산 가격은 앞으로도 우상향 될 가능성이 높기 때문입니다. 특히 부동산은 주식이 아닙니다. 불안하다고 금방 팔리지도 않지 않습니까. 그냥 오르면 오르는 대로, 떨어지면 떨어지는 대로 편안하게 부동산을 쳐다보세요. 어차피 10년 지나고 20년 지나면 부동산 가격은 상승할 가능성이 더 높습니다. 그런 관점에서 본다면 부동산만큼 안전한 투자처가 이 세상 어디 또 있는지요?

평범한 사람들도 부자가 되기 위해서는 역시 부동산 투자에 관심을 조금이나마 가지셔야 합니다. 그래서 부동산을 통해서 돈을 벌기 위해서 노력해야 합니다. 그러면 '부동산으로 돈 좀 벌어보자.' 이것이 핵심이지 않겠습니까? 제일 먼저 무엇을 해야 할까요? 여러분께서 이제부터 부동산에 대해서 관심을 가지고 '부동산으로 돈을 벌겠다.'라고 생각한다면 제일 먼저 잘못된 부동산관련 편견부터 버려서야 합니다.

CHAPTER 5
점점 수익이 커지는 좋은 아파트
여섯 가지 핵심 역학직공상병

과거에 당신을 성공으로 이끌었던 바로 그 비결이
새로운 세계에서는 먹히지 않을 것이다.
- 류 플랫

"교수님, 돈을 굴리기 위해서 제일 먼저 무엇부터 해야 할까요?"

"제일 먼저 본업을 가지시고요, 다음에는 본인의 집을 가지셔야 합니다. 그런 다음 돈을 굴리는 것입니다. 돈 굴리기 가장 효과적인 것은 역시 아파트에 관심을 가지셔야 됩니다."

"그런데 아파트를 사도 오르는 아파트가 있고 가격이 안 오르는 아파트가 있지 않습니까?"

참 좋은 질문입니다. "아파트를 샀는데 왜 제가 산 아파트의 가격은 오르지 않을까요?" 수많은 사람들이 저에게 하는 질문입니다. 심지어 외국에서 학위를 따고 국립대 경제학과 교수님께서도 이러한 질문을 하시죠. '왜 우리 아파트는 올라가지 않을까?'라고요.

먼저 좋은 아파트가 되기 위해서는 제가 보는 관점에서는 여섯 가지 세권이 겸비되어야 합니다. 그것은 역세권, 학세권, 직세권, 공세권, 상세권, 병세권입니다. 물론 이 여섯 가지 세권이 다 있으면 정말 좋겠죠. 하지만 우리 주변의 특급 아파트라고 하여도 이처럼 여섯 가지 세권을 다 구비한 경우는 많지가 않습니다. 이 중에서 최소한 두세 가지 정도는 적당한 아파트이고, 이러한 세권이 많으면 많을수록 특급 아파트라고 말씀드릴 수 있습니다. 이러한 오르는 아파트 세권을 자세히 살펴보면 다음과 같습니다.

첫 번째는 역세권입니다. 입지 조건 중 가장 중요한 것은 교통입니다. '교통이 좋다.'는 것은 지하철, 도로가 우수하다는 것입니다. 역세권 아파트는 세대를 불문하고 다 선호하고 좋아합니다. 따라서 매매도 강세고 전세도 강세죠. 왜? 누구나 다 이런 곳에 이사를 오기를 원하고 이런 곳에 전입하기를 원하니까요.

두 번째는 학세권입니다. 학세권은 말 그대로 학군이 좋은 곳을 의미합니다. 그래서 우리가 흔히 말하는 초등학교를 품은 아파트를 '초품아'라고 부르지 않습니까? 우수한 초·중·고등학교가 있고, 인근에 학원가가 잘 형성된 그런 지역을 학세권이라고 합니다. 이런 지역의 아파트 특징은 '매매, 전세가 강하다.'라고 말씀드릴 수 있겠습니다.

세 번째는 직세권입니다. 직세권이란 좋은 직장이 주변에 많은 지역을 말합니다. 정부청사가 있고, 대기업, 벤처단지, 백화점, 대학병원 등이 형성이 된 곳을 의미합니다. 이런 직세권의 특징으로는 주로 젊은 층들이 많이 유입됩니다. 세종 정부 청사가 위치한 세종 특별 자치시 같은 경우 전국에서 평균 나이가 가장 젊은 도시입니다. 직세권의 특징으로 본다면, 젊은 사람 유입이 많고, 연봉이 높으니 월세 수요도 많이 증가되는 그런 특징이 있습니다. 따라서 직세권 같은 경우에는 매매와 월세가 강세입니다.

네 번째는 공세권입니다. 공세권이라는 것은 아파트 주변에 공원이나 자연환경이 우수한 곳을 말합니다. 아파트 주변에 강이 있거나, 산이 있거나, 호수가 있지요. 이런 지역은 50대 이후 분들이 선호하십니다. 자녀들도 다 키웠거나 분가도 시켰고 그러면 이제 본인의 건강에 대해서 관심을 많이 가지겠죠. 그러다 보니까 50대 이후의 분들은 공세권 아파트에 관심을 가지십니다. 이런 지역의 아파트는 매매 금액이 급등락을 하지 않고 꾸준히 상승합니다. 60대 이후는 2년 마다 한 번씩 딴 데로 이사를 가지 않기 때문이고 전세나 월세보다는 내 집에서 실거주하는 경우가 많기 때문입니다.

다섯 번째는 상세권입니다. 상세권은 아파트 주변에 백화점, 대형할인점, 대형 쇼핑몰 등이 들어선 곳을 말합니다. 이러한 근린 생활 시설 옆에 있음으로써 아파트의 가치는 더 올라가게 됩니다. 그러다 보니까 청년층하고 신혼부부들이나 중년층들이 주로 선호하고, 매매나 전세 또한 수요가 많으며 매매 가격, 전셋값 또한 꾸준히 상승할 가능성이 매우 높습니다. 특히 앞으로 대형 백화점이 들어오는 지역 주변의 아파트들을 눈여겨보세요. 지금과 같은 시기에 대형 백화점이 그냥 아무 곳이나 입점하겠습니까? 여러 가지 분석을 통하여 들어오는 만큼 그 지역의 미래가치 또한 굉장히 좋겠지요.

여섯 번째는 병세권입니다. 병세권이라는 것은 아파트 주변에 대형 병원이나 대형 의료 시설이 있는 곳을 말합니다. 먼저 대형 병원이 들어서는 자리는 교통여건도 환경도 좋고, 주변의 대규모 아파트 단지들이 많아서 상주 인구도 많으며, 유동 인구 및 유입 인구도 많은 곳에 대형 병원이 들어서는 것입니다. 대형 병원이 시골에 들어서지 않는 이유가 여기에 있는 것이지요. 따라서 대형 병원이 들어선다는 이야기는 그 인근에 도로 사정, 대중 교통도 좋고 주변에 신도시 급의 대규모 아파트 단지가 있는 그런 지역이라고 볼 수 있습니다. 따라서 아파트의 매매 가격, 전셋값 또한 상승하는 경우가 많겠지요. 그러면 이제 세대별로 분석해보겠습니다.

- 신혼부부들은 역세권과 직세권에 중점을 두셔야 합니다. 아직 아이가 없기 때문에 직장이 가까운 곳에 자리를 잡으셔야 교통비 및 이동 시간을 줄일 수 있겠지요.

- 중년층 경우에는 역세권과 학세권에 중점을 두셔야 합니다. 자녀가 있으면 뭐니 뭐니 해도 학군에 신경을 쓸 수밖에 없습니다. 따라서 이왕이면 학교에서 가까운 곳에 집을 둘 수밖에 없기 때문입니다. 그러므로 교통과 학군 쪽에 더 관심을 가지고 집을 구해야 합니다.

- 노년층 같은 경우는 공세권과 병세권에 중점을 두셔야 합니다. 산이나 호수공원 등 산책로가 있어 운동할 수 있고, 또 이왕이면 대학 병원이나 큰 병원이 가까이 있으면 응급한 경우에 치료 받기가 수월할 수 있기 때문에 병원 근처도 어르신들 입장에서는 선호하십니다.

"왜 제가 가지고 있는 아파트는 안 오를까요?"라는 질문에 답은 다음과 같습니다.

"주변에 지하철도 없거나 교통 사정이 좋지 않거나, 학교나 대형 근린생활 시설, 공원 등이 없는 건 아닌지 생각해보세요. 따라서 이왕 아파트를 사신다면 이것만큼은 기억해주시길 바랍니다. 역학직공상병!"

PART 6

돈 지키는 법-
부자의 길을 단단하게
해주는 돈 관리법

CHAPTER 1

시대가 바뀌어도
늘 불변인 재레크의 기본

계획 없는 목표는 한낱 꿈에 불과하다.
- 생텍쥐페리

여러분에게 두 분을 소개해 드리겠습니다. 한 분은 앞서 말씀드린 것처럼 대구에 사시는 분이시고 말 그대로 조상 대대로 부자로 지내오신 분입니다. 이분을 만나보면 놀라운 사실을 알게 됩니다. 그것은 자신을 비롯하여 자신의 가족 모두 철저하게 돈을 관리하는 성향이 있다는 것입니다. 이분은 먼저 밖에서 음식을 안 사먹습니다. 심지어 테마 파크에 놀러가서도 집에서 먹는 물을 마시지 생수조차도 안 사먹습니다. 참 대단하지 않습니까? 또 다른 분은 자수성가형 부자이신데 재산은 약 40억 대입니다. 이 분의 절약 정신은 더 철저합니다. 아직도 옥상의 빗물을 받아서 세수하고 화장실 물을 내립니다. 말 다했지 않습니까?

이 두 분의 공통점은 바로 '절약이 습관화 되었다.'는 점이고, 이러한 습관으로 인하여 현재까지도 부자로 잘살고 있다는 것입니다. 이에 반하여 보통 사람의 아들에서 변호사가 되었든, 의사가 되었든, 사업하여 갑자기 돈을 많이 번 경우의 사람들을 보면 한창 돈을 벌 때 한 달 생활비로만 애들 교육비, 유흥비 등을 포함하여 1천만 원 이상을 씁니다. 그런데 시간이 지나보면 말이 좋아 변호사고, 말이 좋아 의사이지 막상 현재 가진 자산을 놓고 보면 얼마 안 되는 이들도 은근히 많습니다. 소비에 일찍 눈을 뜬다면 부자되기가 어렵다는 말입니다. 따라서 많이 버는 것도 중요하지만, 그 것보다 더 중요한 것은 '안 쓰는 것'입니다. A는 한 달에 1천만 원 벌고 100만 원을 적금할 때, 중학교 동창인 B는 한 달에 150만 원을 벌고 50만 원을 적금에 넣는다고 합니다. 그렇게 20년이 지난 지금, 누가 더 돈을 많이 모았을까요?

정답은 B입니다. B는 돈을 아끼고 아껴 쓴 반면에, A는 항상 이렇게 많은 돈을 앞으로도 계속 벌줄 알고 돈을 막 쓰는 습관이 생긴 것이죠. 결국 어렵고 힘든 시기가 도래가 되면 아껴 쓰는 습관이 있는 경우에는 어떻게든 살아가는데, 돈 쓰는 버릇이 있다면 소비 습관에 버티지를 못하게 됩니다. 결국 지금에 와서는 절약 습관이 자리 잡은 B가 돈을 더 많이 모았더군요. 절약이 얼마나 중요한지 새삼 또 한 번 느끼게 됩니다.

사람들은 누구나 돈의 필요성을 느끼면서도 돈 자체가 자신의 삶과 직접적인 인과관계가 없는 것으로 착각하고 있습니다. 예를 들어, 가진 것도 없는 사람들이 '돈 보다는 행복이 중요하다.'라고 이야기하고, 돈도 없고 건강도 좋지 않는 사람들이 '돈 보다는 건강이 중요하다.'라고 말합니다. 물론 틀린 말은 아니죠. 하지만 실제적으로 타인들에게서의 돈의 문제가 아니라, 도덕 교과서에 나오는 이상적인 돈의 문제가 아니라, 나에게 직접 다가온 심각한 돈의 문제라면, 돈에 대한 생각이 달라질 것입니다.

돈은 곧 나의 행복이며, 돈은 곧 나의 건강임을 뼈저리게 알 수 있게 됩니다. 돈이 어느 정도 있고, 돈벌이가 된다면 돈 보다는 행복론이 좋다고 이야기할 수 있을 것이며, 현재를 즐기고 놀러다니는 것이 개미처럼 일하는 것 보다는 베짱이처럼 풍류를 즐길 줄 알아야 한다고 이야기할 수도 있습니다. 하지만, 나중에 가서 돈이 없을 경우에는 그러한 모든 것이 다 빛 좋은 개살구라고 말하며 후회하게 됩니다.

자본주의에서 돈이라는 놈은 참 웃깁니다. 겉으로는 돈 보다는 행복과 명예와 건강과 인간 관계를 중요시 여기지만, 속으로는 모든 것이 돈하고 연관이 되어있기 때문에 속마음은 언제나 돈을 연민하기 때문입니다. 오늘도 수많은 사람들이 미친 듯이 로또 복권이나 일반 복권을 긋고 있을 것입니다. 수많은 사람들이 목구멍에 풀칠이라도 하기 위하여 빨리 일어나고 새벽이슬을 맞으며 일터로 향합니다. 수많은 사람들이 일당 5만 원을 벌기 위하여 피맺힌 삶의 전쟁터에 임하고 있습니다.

자본주의에서 돈이란, 있어도 되고 없어도 되는 문제가 아니라, 나의 목숨과 같은 것입니다. 돈이 있으면 살아있는 목숨이고, 돈이 없으면 죽은 목숨입니다. 여기서 말하는 살아있음과 죽음이란 육체적 심장이 뛰고 있냐? 없냐의 문제가 아니라 돈으로 인하여 고통을 당하고, 돈으로 인하여 사람 대접을 받지 못할 경우에는 육체적 심장이 뛰고 있어도 인간으로서 누려야할 정신적 심장이 멈춰져 있는 셈입니다.

주변을 한번 둘러보시길 바랍니다. 가진 자들은 오히려 절약하지 못해서 안달이고, 가진 것이 없는 자들은 오히려 소비하지 못해서 안달입니다. 지금 웃고 쓰는 신용 카드와 현금은 미래에 절망과 고통의 순간을 싫든 좋든 따라다닐 것입니다.

돈을 벌고 싶습니까? 부자가 되고 싶으십니까? 그렇다면 우선 돈을 아껴쓰는 습관부터 가져보시길 바랍니다. 부자되는 방법에서 가장 중요한 것은 바로 '절약'입니다. 어떤 경우든 절약과 소비 억제만이 우리가 나아갈 길이며 부자의 길입니다. 벤저민 프랭클린Benjamin Franklin 은 어릴 적 어렵고 힘든 삶을 살아왔지만 '미국 건국의 아버지'라 불립니다. 그는 정치가, 외교관, 과학자, 저술가, 신문사의 경영자, 교육 문화 활동 등 대단한 명성을 얻었습니다. 그는 자신의 성공 이유를 다음과 같이 짧게 말합니다. "내가 오늘의 명성을 얻게 된 것은 모두 근면과 검약 덕분이다." "한 푼 아낀 것은 한 푼 번 것이나 마찬가지다."

명심하시길 바랍니다. 많이 번다면 부자가 될 수도 있겠지만, 부자의 근본은 처음부터 내 돈을 밖으로 보내지 않는 것에서부터가 시작되는 것입니다. 또한 그는 이렇게 말합니다.

"실천이 말보다 낫다Well Done Is Better Than Well."

CHAPTER 2
많이 버는 것 보다
중요한 재테크 원칙

위험은 자신이 무엇을 하는지 모르는 데서 온다.
- 워런 버핏

대학교 강의 중에 졸업을 앞둔 대학생들에게 이렇게 질문하였습니다.

"너희들도 대학교를 졸업하면 이제 어엿한 사회인이 될 것인데, 그렇다면 제일 먼저 직장을 구하고 돈을 벌게 되겠지. 그렇다면 만약 월급을 받게 되면 그 돈을 어떻게 하고 싶니?"

"일단 차부터 사고 싶어요."

"전 데이트 자금으로 사용할겁니다."

"1차부터 3차까지 그날만큼은 쭉 밤새도록 술 먹고 싶어요."

"부모님께 용돈 좀 드려야죠."

거의 대부분 학생들은 돈을 벌게 되면 일단 쓸 준비부터 되어있었습니다. '내일을 위해 저축을 해야겠다.'는 생각은 가지고 있지만 저축에 대한 구체적인 계획은 없으며 '이렇게 저축한 돈을 가지고 어떻게 재테크를 통하여 새로운 부를 창출할 것인가?'에 대한 생각은 아예 없었습니다. 이처럼 목적 없이 돈이 들어올 경우에 거의 대부분의 젊은 친구들은 지금 들어오는 월급이 평생 나에게 들어올 것이라는 확신 하에 일단 돈 쓰는 재미부터 배우게 됩니다. 처음에는 가보지도 못한 술집에서 술을 한 잔하게 되고 직장 선배들로부터 노래방 등의 유흥주점에 가서 돈의 달콤한 맛을 처음으로 맛보게 되죠. 그 이후로는 남자는 여자를 만나서 데이트 비용으로 이것저것 쓰다보면 저축할 돈의 액수가 서서히 줄어드는 것을 느끼게 됩니다. 또한 목돈이 생기면 갑자기 불안하고 초조해집니다.

이렇게 돈을 써도 나에게 목돈이 생기다니… 목돈이 생기면 일단 가장 급한 것부터 사고 싶어집니다. 예를 들어서 자동차를 사게 되고, 친구들에게 급히 돈을 빌려주기도 합니다. 이윽고 결혼하게 되고 그때부터 예전의 화려했던 돈 씀씀이로 인하여 부득이 생활이 다소 갑갑해지기 시작합니다. 특히 아이들이 생긴 이후부터는 먹고 사는 것조차도 어렵게 되어버리고 맙니다. 그러면 "예전에는 잘 나갔는데."라고 말합니다. 그렇죠. 예전에는 누구나 다 잘나간 시절이 있었습니다. 그런 시절이 없었다면 오히려 이상하겠죠. 그런데 이러한 말을 한다는 것은 '과거에는 잘 나갔지만, 현재는 못 나간다.'는 말이고, 현재 어렵고 힘들게 살아가고 있다는 의미입니다. 그것은 돈에 대한 지혜가 부족하여 돈 관리를 잘하지 못하였다는 의미입니다.

"옛날이 오늘보다 나은 것이 무슨 일이죠?"라고 말하지 마라. 이런 질문은 어리석은 질문이다. 지혜는 유산처럼 아름답고, 햇빛을 보는 자에게 유익이 된다. 지혜의 그늘에 있음은 돈의 그늘에 있음과 같으나, 지혜에 관한 지식이 더 유익함은 지혜가 그 지혜 있는 자를 살리기 때문이니라(전도서 7장 10~12절).

여자들도 비슷합니다. 직장 생활을 앞두고 저축을 열심히 해서 결혼할 밑천으로 삼고 열심히 돈을 모을 생각은 하죠. 하지만 남자친구를 사귄 이후에 저축이 그다지 녹녹지가 않게 됩니다. 그리고 옷도 사 입어야 하고 화장품도 사야 하며 때때로 옆의 직원이 명품 가방이라도 사게 되면 충동적으로 열심히 모은 목돈으로 결국 명품 가방을 사는 일도 있습니다. 이것뿐이라면 그래도 다행입니다. 자칫 잘못될 경우에는 쇼핑 중독에 빠져 나도 모르게 신용 카드로 물건들을 사게 되고, 때때로 국외 여행 또는 국내 여행이라도 간다면 결국 돈 모으기가 굉장히 어렵다는 사실을 인식하게 되죠.

이런 생활은 결혼해서도 비슷합니다. '한쪽이 그러면 다른 한 쪽은 안 그럴 것이다.'라고 생각하겠지만 한 쪽이 그러면 다른 한쪽도 마찬가지로 같이 움직입니다. 가윗날은 한쪽으로만 종이가 잘라지지 않기 때문이죠. 결국 신입사원 내지는 피 끓는 청춘에 번 월급의 의미는 그동안 부모님에게서 적은 용돈만 받다가 본격적으로 돈 쓰는 재미에 물들게 됨으로써 자본주의의 '돈 소비'라는 재미에 빠지게 됩니다.

분명히 말씀드리지만 청년 시절의 돈이란 있어도 좋고 없어도 좋은 것이 아닙니다. 돈 만큼은 반드시 있어야 좋은 것이고 없으면 상당히 불행합니다. 물론 돈이 많다고 다 행복하다는 것은 아닙니다. 다만, 돈이 없으면 없을수록 내 인생이 불행 지수에 가깝고, 돈이 많으면 많을수록 내 인생이 행복 지수에 가깝다는 것은 부정하지 못할 것입니다. 그렇다면 돈은 어떻게 할 것인가? 중요한 것은 많이 버는 것보다는 어떻게 안 쓰는 가입니다. 다음은 강남에서 20대에 자수성가한 안 씨의 이야기입니다.

"돈은 꼭 얼음 같아요. 가만히 있으면 녹아서 없어져 버리잖아요. 그래서 돈이 돌고 돈다고 하였나 모르겠지만 이 돈이라는 넘은 희한하게 가만히 놔두면 금방 녹아버려요. 그런데 이 얼음이 에베레스트 정상에 있다거나 남극이나 북극의 빙하 위에 있는 얼음이라면 녹을까요? 녹지가 않겠죠. 오히려 습기와 차가운 온도 때문에 오히려 얼음이 더 커질 수도 있겠죠. 그래서 저도 20대에 이런 결심을 하였어요.

'돈은 얼음이다.' 자칫 잘못 관리하면 금방 녹아 없어져서 나의 품을 떠나는 것이므로 차라리 극한 남극의 얼음처럼 돈만 벌리면 부모님께 돈을 드려서 부모님 통장으로 만든 다음, 어떤 경우든 제가 결혼을 한다거나 사업을 크게 하기 전에는 주지 말라고 하였어요. 그 있잖아요. 통장을 내 명의로 하게 되면 젊은 혈기로 인하여 금방금방 해약하고 다시 신규 가입하고 또 해약하고 그럴 가능성을 아예 배제한 것이지요."

필자가 알고 있는 부자들도 부자인 만큼 돈을 펑펑 써대는 사람들 보다는, 부자이지만 티가 하나도 나지 않고 오히려 보통 사람들보다 더 검소한 사람들이 더 많습니다. 어떤 경우는 양말 꿰매 신는 것은 구닥다리 말이고 올이 나간 오래된 양복을 아직도 입는 사람들도 있었고, 수도 요금을 아끼기 위하여 빗물을 옥상에서 받아서 화장실 변기 물 내릴 때 사용하는 경우가 있었지요. 식당에서 음식을 먹은 다음에는 찌꺼기 음식을 검정색 비닐 봉지에 달라고 하여 남은 음식을 싸서 가는 경우도 보았습니다. 심지어는 두루치기를 먹은 다음 그 양념마저 싸달라고 한 사람도 보았습니다. 부자들의 경우에는 돈을 쓰는 습관보다는 돈을 안 쓰는 습관이 더 많았습니다. 이처럼 많이 버는 것도 중요하지만 무엇보다 가장 중요한 것은 어떻게 적게 쓰는 가입니다.

20대 초반이나 중반 늦어도 20대 후반에는 우리는 돈을 벌게 되어 있습니다. 그 돈이 많은 돈이든 적은 돈이든 간에 돈을 벌게 되는데, 이러한 돈들은 평생 나에게 늙어 죽을 때까지 들어오지 않는다는 사실만큼은 꼭 명심하기 바랍니다. 현재 20대에 200만 원이 들어온다고 아흔이 되어서도 200만 원이 들어오지 않습니다. 돈은 한시적으로 나에게 들어오는 것이지 돈에게서 '영원히'란 단어란 없습니다. 그렇다면 젊은 나이에서부터 지금부터라도 소비를 줄이고 꼼꼼히 아껴서 반드시 저축 금액을 늘려야 하겠죠.

내가 만약 20대 초반으로 돌아간다면 돈을 소비하게 되는 모든 것을 다 끊고 기본적으로 꼭 필요한 비용을 제외한 나머지 금액을 무조건 저축할 것입니다. 퍼센트로 따지자면 받는 월급의 70퍼센트는 무조건 저축해야 합니다. 젊은 만큼 돈 쓸 일도 많겠지만 젊은 만큼 돈 안 쓸 일도 많을 것입니다.

적금으로 돈 모은 사람들의 특징은 쓰고 난 다음에 모으는 것이 아니라 월급의 일정 금액을 먼저 저축하고 나머지 돈을 가지고 쓰는 경우가 더 많습니다. 지금부터라도 받는 월급의 70퍼센트 이상을 적금으로 떼어내고 나머지 금액으로 살아가기 바랍니다.

기름 값이 없다고 투덜거리지 마시기 바랍니다. 기름 값이 없다면 차를 직접 몰지 않으면 됩니다. 자동차세, 보험료, 기름 값, 통행료, 고속도로 톨게이트 비용, 속도위반, 신호위반 딱지 등등 젊은 시절의 자동차는 효용가치가 크지 않습니다. 오히려 젊은 시절의 돈을 낭비하게 되는 원인이 되기도 합니다.

소비의 종류는 크게 두 가지로 나뉩니다. 새끼 치는 돈과 새끼 치지 못하는 돈입니다. 새끼 치는 돈이란 돈의 소비를 통하여 또 다른 돈을 벌수 있는 가능성이 있는 곳에 소비하는 것을 의미합니다. 예를 들어서 대학원에 들어가서 석·박사를 한다거나 재테크 강좌를 수강한다거나 책을 사본다거나 학원에 등록한다거나 부자들과의 대화를 통해 지혜를 배우기 위하는 이러한 돈은 지금 당장은 소비이지만 시간이 지나면 곧 돈의 소비가 새로운 돈을 새끼 치는 것을 알게 될 것입니다.

새끼를 치지 못하는 돈이란, 자신의 기분에 의하여 돈을 소비하는 것을 의미합니다. 애인이 생겨 과도한 데이트 비용을 사용한다거나 친구들과 잡다한 이야기를 나누면서 술값을 낸다거나 늦게 일어나는 바람에 택시를 타고 학교나 직장에 간다거나 충동적인 느낌 때문에 의류나 신발 등을 구매하는 경우에 나가는 것이 바로 새끼를 치지 못하는 돈입니다.

"돈은 절벽에서 붙들고 있는 지푸라기와 같은 것입니다."

서울에서 젊은 시절, 그토록 가난하고 정말 치열하게 살아왔지만 지금은 공구상가 수십 개를 가지고 있는 사장의 말입니다.

"돈은 정말 절벽에서 붙들고 있는 지푸라기 같은 것입니다. 만약 이 지푸라기를 놓치는 순간, 자본주의의 바다라는 곳에 빠져 죽게 됩니다. 이제부터 각오하셔야 합니다. '돈을 절대로 쓸데없이 쓰지 않겠다. 지푸라기를 잡은 손을 놓으면 죽듯이, 돈을 꼭 쥐고 함부로 쓰지 않겠다.'라는 각오로 살아야 합니다. 그것이 제가 살아온 인생입니다."

CHAPTER 3
돈이 생기면 늘 꼬이는
돈파리를 조심하세요

자신의 꿈을 만들어가지 못하면 언제나 남의 꿈을 이루는데 이용될 것이다.
- 암바니

"교수님, 도와주세요. 저 어떻게 해요?"

"무슨 일입니까?"

"남편이 교통사고 나서 탄 보상금으로 경매 컨설팅에 의뢰하여 작은 상가 경매를 받았는데 알고 보니 잘 못 받았어요. 비싸게도 받았고요, 무엇보다 1년째 세입자를 못 구하고 있습니다."

"…"

"낙찰금액은 1억1천만 원인데요, 단독 입찰이고요, 경매 수수료 등등해서 2500만 원이 나갔습니다. 교수님, 도와주세요."

돈이 갑자기 생겼거나 돈 벌었다면 주변 사람들이 다가옵니다. 먼저 축하한다는 말부터 하지만 곧 어떻게 돈을 벌었느냐고 물어보고, 대단한 사람이라는 칭찬을 아끼지 않습니다. 그리고 마지막에 가서는 '저 사람의 돈을 어떻게 이용할까?' 궁리하는 것이 돈 빌리는 이들의 전형적인 모습입니다. 발 없는 말이 천리 간다고 하지 않습니까? 제가 보기에는 발 없는 돈이 천리 가는 것 같습니다. 돈 없는 사람에게 '갑자기 돈이 생겼다.'라고 한다면 갑자기 파리(돈 빌리려는 이들과 엉뚱한 투자를 권유하는 이들)같은 이들이 달려들기 시작합니다.

첫 번째로 다가오는 사람은 배우자입니다. 그동안 재테크의 '재'자도 모르고 평안히 살다가 남편이 퇴직금을 받게 되면 어쩔 줄 몰라 합니다. 또한 적금 만기가 도래하면 수천만 원을 어떻게 굴릴 줄 몰라서 안달입니다. 그때서야 주식 강의도 신청하여 이상한 사람들에게 지금까지 소중하게 모은 돈을 한방에 맡기고 맙니다. 또한 기획 부동산에 속습니다. 사실 기획 부동산이 "우리는 기획 부동산이므로 조심하셔야 합니다."라고 얼굴에 써 붙이고 다니지 않기에 우수한 전문가로 보일 수 있습니다. 한 손에는 퇴직금과 종잣돈, 한 손에는 채워도 채워지지 않는 거대한 욕심을 가지고 간은 밖으로 튀어나와 있는 것과 같은 상태로 자본의 늑대들 앞에 서있는 격이지요. 결국 소중한 돈을 날리고 맙니다.

"여보, 아버님 퇴직금 나왔데요. 3억 원이래요."

"뭐 아버지 퇴직금 나왔다고? 그러면 잘됐네. 우리 분양받은 아파트 중도금 납부해야 하는데, 요즘 은행에서 중도금 대출이 안 되니 아버지한테 좀 빌려야겠네."

"당신, 장인어르신 부동산 파셨다며?"

"그건 왜?"

"왜긴 왜야? 우리 처지를 보면 말 안 해도 알 수 있잖아. 코로나19 시대에 먹고살 것도 없는데 장인어르신께 사업자금 좀 빌리면 안 될까? 돈 안 갚는 것도 아니고 돈 갚으면 되잖아?"

이처럼 두 번째로 오는 사람은 자식들이나 형제들입니다. 어떻게 목돈이 생긴 것을 아는지… 뭐라고 말하기 힘든 처지를 아낌없이 말하면서 자신의 비참함을 토로합니다. 또한 한 뱃속에서 같이 태어났으며 같은 이불 속에서 같이 자랐지 않았냐면서 정에 호소합니다. 하지만 속마음은 항상 이러합니다.

"형한테, 동생한테, 어떤 수단과 방법을 가리지 않고 돈을 빌려야 한다. 그렇지 않으면 내일 신용 카드 만기에 돈을 갚지 못한다. 사채업자들이 온다."

때로는 이런 경우도 있습니다. "내가 아버지의 퇴직금을 지금 일부라도 받지 못하면 가난한 동생에게 모든 돈이 넘어 갈 것이다. 내가 지금 나의 지분을 반드시 가져야 한다." 이런 식의 생각으로 사지 않아도 될 아파트를 일단 계약부터 치르고 봅니다. 그리고 중도금, 잔금을 내지 못하면 수천만 원이 나간다고 부모님 앞에서 엄살을 부리지요.

머릿속에서는 '열심히 일해서 돈 벌어야겠다.'라는 생각은 버린 채 오로지 아버지의 퇴직금을 노리거나 형제자매의 소중한 돈을 노리는 사람들이 다가옵니다. 이 사람들의 특징은 돈을 빌리면서 '거의 100퍼센트 돈 갚을 생각이 없다.'는 것입니다. 혈연 관계인데 무슨 돈을 빌리고, 차용증을 쓰고, 돈을 갚느냐고 생각합니다. 말 그대로 총, 칼을 들지 않은 자본의 도둑들이죠.

세 번째로 나타나는 이들은 친인척입니다. 돈 냄새만 맡으면 언제나 달려오죠. 그동안 얼굴 한번 안 보이다가 갑자기 나타나는 경우가 많습니다. 돈이 없으면 친척들도 가까이하지 않습니다. 그러다가 돈이 생기면 갑자기 친척들이 다가오죠. 행여나 다른 사람이 먼저 돈을 빌려 갈까 봐 부산에서 서울까지 쉬지 않고 달려옵니다. 이런 이들은 이판사판입니다. 돈을 빌려주면 좋고, 돈을 빌려주지 않아도 '내 그럴 줄 알았다.'라고 여깁니다. 겉으로는 "꼭 필요하다."라고 말을 하지만 속으로는 '걸리기만 하면 대박' 이런 생각뿐입니다.

네 번째로 나타나는 사람들은 친구들과 이웃들입니다. 사연들도 각양각색입니다. 죽어가는 사람 살려달라고 읍소하는 유형부터, 내일 죽어버리겠다는 공갈협박부터 친구로서 삼일 이내에 갚겠다고 각서니, 심지어 혈서까지 쓰겠다는 친구부터 참 다양하죠. 참고로 돈을 빌리면서 일주일, 한 달 이내에 갚겠다는 사람들은 거의 돈 갚을 능력이 없는 이들입니다. '한 달 뒤면 적금 만기다. 우리 오빠가, 우리 동생이 나에게 돈 빌려주기로 했다. 어디서 돈이 나온다.' 등의 이야기를 돈을 빌리기 바쁘죠. 중요한 것은 돈 빌려가는 기간이 짧으면 짧을수록 돈 갚을 확률은 더 떨어집니다. '언제까지 돈 갚겠다.'라는 말은 아무 의미가 없습니다. 돈이 없으니까 돈을 빌리러 온 것이고 앞으로 시간이 지나도 돈 없는 사람들은 돈이 없을 뿐입니다.

다섯 번째로 나타나는 사람들이 바로 사기꾼들입니다. 가족들에게나, 친인척들에게나, 아는 사람들에게도 돈을 지켰다고 끝이 아닙니다. 이때부터는 본인 스스로가 본인이 대견하게 생각하고 새로운 돈벌이를 위하여 급하게 투자처를 살펴보게 되어 있습니다. 평생을 걸쳐 받은 퇴직금과 수년 동안 짠 바닷물 같은 생활로 모은 적금이라면 퇴직금은 몇 년 동안 생각하고 분석한 후 투자해도 적금은 최소한 몇 달이라도 생각하고 분석한 후에 투자하지만 지식은 없고, 돈에 대한 욕심은 있어서 1단계 돈을 지켰다는 거만함이 결국 본의 아니게 사기를 당하게 됩니다.

사기가 멀리 있는 줄 아십니까? 사기는 바로 당신 주변에 널려 있습니다. 자본주의에서 '자본'이라는 단어를 빼면 '주의'가 아닙니까? 주의를 받은 인간들이 물불을 가리지 않고 덤비는 정글 속 밀림보다 더 지독한 곳이 바로 우리가 사는 이 사회입니다. 밀림 속에는 배고픈 야수들이 많듯이, 자본주의 사회에서도 돈에 굶주린 야수들이 많습니다. 이런 곳에서 우리가 돈을 지키기는 분명 쉽지 않습니다. 하지만 소중한 내 돈을 지키지 않는다면 결국 나 자신 또한 돈을 빌리는 사람이 될 것입니다. 한 마리의 고고한 학처럼 생활하다가 잘못된 선택으로 인하여 한 마리의 파리가 되는 것은 시간문제일 뿐입니다. 굳건하게 자신의 재산을 지킬 줄 아는 사람이라면 몰라도 그렇지 않으면 자본주의에서 예외란 있을 수 없는 말입니다. 그렇다면 언제 어떻게 돈을 빌려주는 것이 제일 좋으냐고 물어 보신다면 전 이렇게 말하고 싶습니다. 물론 다음카페 〈아름다운 부자〉의 재테크 강의 시간을 통하여 늘 이렇게 말하고 있습니다.

"돈은 돈 있는 사람에게 빌려주는 것입니다."

참 말도 안 되는 말 같지만 상대방이 나에게 돈을 빌리러 오는 순간 제일 중요한 것은 이 사람이 과연 돈을 갚을 수 있냐 없냐가 중요합니다. 돈을 빌려 달라는 말은, 있는 사람이든 없는 사람이든 똑같이 말할 수 있으나 돈 있는 사람에게 돈을 빌려주면 내 돈이 새끼 쳐서 돌아올 확률이 높아집니다. 하지만 돈 없는 사람에게 돈을 빌려주면 내 돈이 돌아올 확률은 극히 떨어집니다. 마치 집 나간 개처럼 돌아오지 않는 법입니다. 돈 없는 사람에게 돈을 빌려준 행위 자체가 '너 먹고 살아라.'라는 돈 밖에는 안 되기 때문입니다.

인정이니 뭐니 아무리 이야기해도 돈 없는 사람들에게 돈을 빌려준 행위자체는 돈의 신이 가장 불쾌하게 생각합니다. 인정에 의하여 돈을 빌려준 이상 결국 인정으로 인하여 내 소중한 돈이 사라질 뿐입니다. 한번 나간 돈은 새로운 주인에게 충성을 다할 뿐이지 예전 주인에게는 차가운 눈빛만 보낼 뿐입니다.

그것은 마치 두 마리의 소가 있는데 한 마리의 소만 밭을 매일 가는 것에 비하여 다른 한 마리의 소가 밭 가는 소에게 미안해서, "너 너무 고생이 많구나. 내가 내일 밭을 갈 테니까 주인어르신에게 너는 내일 아픈 모습을 보여줘. 그러면 내가 내일 널 도와서 하루정도 밭을 갈 수 있을 거야."라고 말하는 것과 같습니다. 밭 가는 소가 아파서 퍼졌으면 당연히 다른 소를 데리고 밭을 갈 것이지만 병든 소는 푸줏간으로 보내게 될 것입니다.

밭가는 소에게 무엇인가 도와준다 하는 것은 결국은 밭 가는 소 대신 내가 밭 가는 소의 의무까지 책임져야 합니다. 결국 빚을 대신 갚아주는 행위 자체는 누군가에게 빌려준 돈만큼 새로운 돈을 벌어야 되는 의무감만 있을 뿐이라는 말입니다. 또한 밭 가는 소의 운명이 내가 돈을 빌려준다고 해서 달라지는 것이 아닙니다. 오히려 밭 가는 소를 도와주는 행위가 밭가는 소를 푸줏간으로 더 빨리 보내는 역할밖에는 되지 못하는 것이지요.

다시 한번 말하지만 돈은 돈 없는 사람에게 빌려주는 것이 아니라 돈 있는 사람에게 더 많은 돈을 벌 수 있게끔 빌려 주는 것입니다. 돈을 버는 것보다 더 어려운 것이 바로, 돈을 지키는 것입니다. 죽을 각오로 내 돈을 벌었다면, 죽을 각오로 내 돈을 지키시길 바랍니다. 많이 버는 것이 중요한 것이 아니라 어떻게 내 돈을 지킬 것인가가 더 중요한 문제입니다.

돈은 정말 절벽에서 붙들고 있는 지푸라기 같은 것입니다. 만약 이 지푸라기를 놓치는 순간 자본주의의 바다라는 곳에 빠져 죽게 됩니다. 이제부터 각오하셔야 합니다. '돈을 절대로 쓸데없이 쓰지 않겠다. 지푸라기를 잡은 손을 놓으면 죽듯이, 돈을 꼭 쥐고 함부로 쓰지 않겠다.'라는 각오로 살아야 합니다.

CHAPTER 4
전문가와 사기꾼에 절대로 당하지 마세요

아는 것이 힘이다.
- 프렌시스 베이컨

"세상에는 딱 두 가지 전문가가 있어요. 고객의 돈을 노리는 전문가와 고객의 돈을 뜯어내려는 전문가 딱 두 가지뿐이라니까요."

부동산과 주식 등 투자를 하는 청주에서 병원을 운영하는 김 원장의 이야기입니다. "전국에 전문가들이 수없이 많지만 그 중에서 진짜 전문가라고 말할 수 있는 사람은 거의 없어요. 제가 주식이나 부동산 투자를 해봐서 압니다. 그들이 노리는 것은 나의 돈이지 나의 수익이 아니라니까요. 초보일 때는 그네들이 마치 영웅으로 보였어요. 거 있잖아요. TV 주식 방송에 나오는 작자들이나 경제신문 일간지에 나오는 전문가라는 이들요. 그 사람들은 진짜 투자자의 이익을 위해 나오는 것이 아니라, 다 자신들 돈 벌기 위해 나오는 거예요. 매체에 나가서 한 명이라도 걸리면 자기가 돈 버는 것 아니겠어요. 걸리는 사람들은 돈이 나가고 말겠죠."

물론 그 원장의 개인적인 표현일 수도 있습니다. 하지만 전문가라는 사람들에게 한 번이라도 당한 사람이라면 이 원장처럼 이야기할 수밖에 없습니다. 오래 전, 필자도 한동안 주식에 빠져 모 증권 회사의 지점장과 정보를 교류하여 일시적인 수익을 보고 전폭적으로 그분을 믿고 거래하였는데, 결국에는 마이너스 수익률이 되고 말더군요. 심지어 외국에 다녀온 사이 필자의 허락도 없이 필자의 자금으로 거래하여 며칠 사이에 수백만 원이 마이너스가 되어 있었습니다. 그분이 하는 말은 필자의 수익을 위하여 돈을 굴리다 보니 마이너스가 되었다고 하더군요. 하지만 마이너스 수익률의 대부분이 주식거래 수수료였죠. 결국 다른 증권회사로 옮겼습니다.

그날 이후로 전문가라는 사람들을 조심해야겠다는 것을 알았습니다. 그 사람들은 투자자들을 위하여 투자하는 것이 아니라 수수료 속에 포함된 자신들의 인센티브를 위하여 투자를 권유하는 것임을 알게 되었습니다. 단지 주식 투자의 문제뿐만이 아니죠. 서울에 사는 중년의 한 여성분에게 메일로 상담 요청이 들어왔습니다. 직접 만나서 그분의 사정을 들어봤습니다.

"신문에도 이름 석 자가 자주 나오는 대한민국 땅 재테크의 일인자라고 하는 모 전문가에게 경기도 용인지역의 땅을 소개받았는데 한 구좌가 3천만 원이었어요. 땅의 지목은 임야이고 130㎡ 정도의 지분 면적이었거든요. 저도 임야치고는 너무 비싼 듯한 느낌이 있어서 주저하는데 매매계약서 특약사항으로 만약 2년 안에 개발이 안 되면 투자금액의 2배를 지급하겠다는 내용이 있는 거에요. 개발이 되면 대박이고 개발이 되지 않으면 투자금액의 2배를 받는 것이니까 얼마나 확실해요. 거기에다가 우리나라 땅에 대한 최고의 전문가가 소개하는 곳인데 문제 생길 것도 없어 보이고 해서 계약을 했지요. 글쎄 2년 딱 되기 전에 그 부동산이 경매를 당했지 뭐예요. 등기부등본을 발급해 보니 앞선 순위에 땅값보다 더 많은 수백억 원의 은행 융자가 잡혀져 있으니 투자자들은 모두 후순위로 되어있고 경매처분 시 투자자들에게 떨어지는 배당금은 하나도 없지 뭐예요. 이거 사기 아니에요?"

"그렇다면 그 전문가에게 연락을 취해서 어떻게 된 일이냐고 물어보세요. 어떻게 방법을 제시해 주겠죠. 하지만 제가 보기에는 사기성이 다분한 듯싶으나 그런 사람들은 사기꾼으로 몰리지 않기 위하여 투자자들이 모르는 빠져나가는 방법을 다 동원하면서 계약을 체결하였을 겁니다."

"아니나 다를까 그분에게 전화를 해 보았더니 그 분이 직접 계약한 것도 아니고 그 당시 밑의 직원이 그런 계약을 체결하였다고 하네요. 며칠 만 기다리면 해결책이 나올 것도 같다고만 하네요." 시간이 지난 후, 모든 책임은 그 직원에게 있고, 그 직원은 그만 두었기 때문에 회사는 책임이 없다는 이야기를 들었습니다.

이 여성 분은 제과점 프랜차이즈를 운영하는 분으로써 한 달에 고정적으로 몇 백만 원의 수익이 창출되고 있었지만 하는 일에 비하여 몸이 너무 힘들어 제과점 프랜차이즈 말고 그동안 벌어놓은 돈으로 쉽게 돈을 벌기 위해서, 토지전문가를 믿고 투자 의뢰를 하였는데 결국에는 목돈만 날리게 된 사연이었습니다.

TV만 틀어도 나오는 주식이나 부동산관련 방송을 보시면 '돈 있으면 다 돈 벌 수 있다.'라는 내용이지요. 부동산 같은 경우에는 우리가 흔히 찾고 잘 팔리고 시세 차익도 생길 수 있는 아파트를 파는 것이 아니라, 신축 빌라나 다가구 주택, 도시형 생활주택이 주로 광고를 하지 않습니까? 쉽게 말씀드려서 아파트는 광고를 안 해도 팔리니까 광고를 많이 할 필요가 없는 것이고, 빌라나 연립주택, 다가구 주택, 도시형 생활주택, 상가 등은 광고를 하지 않으면 안 팔리니까 광고한다고 생각하시면 됩니다. 오로지 고객님을 위한 투자라고 말하지만, 실상으로 본다면 다 그런것은 아니지만, 고객들의 수익 보다는 자신들의 수익만 챙기려고 하는 사람들도 있습니다.

만약 주식이든 부동산이든 가격이 상승하게 되면 자신들의 하늘과 같은 능력 때문에 올라간 것이고, 떨어질 경우에는 '어쩔 수 없는 상황이 발생되어 떨어졌다.'라고 말을 하는 것이겠죠. 어차피 수수료는 받았고, 어차피 자신들의 주식이나 자신들이 이미 사놓은 부동산을 매도하는 것이므로 손해 볼 것이 없는 것이고, 어차피 안 팔리는 부동산을 팔아 달라고 광고비니 홍보비니 한건 팔아주면 인센티브니 뭐니 다 자기 이득을 챙기고 광고하는 것 아니겠습니까? 결국 손해 보는 쪽은 항상 투자자뿐입니다.

한번은 서울에서 다음카페 〈아름다운 부자〉 회원들을 대상으로 부동산 재테크 교육을 하였습니다. 그런데 맨 뒤에 앉아있는 나이 드신 수강생 두 분이 강의에 집중하면서도 쉬는 시간만 되면 옆에 앉아 있는 젊은 사람들에게 이야기를 꺼내셨습니다. 이 분들의 특징으로서는 두 분이 같이 오시면서 자리는 따로 앉는 것이었습니다. 8주간의 강의를 마치고 이 분들하고 자리를 같이 앉으면서 이야기를 나누었던 30대 후반의 젊은 직장인에게 물어보았습니다.

"그동안 무슨 이야기를 그렇게 재밌게 하셨는지 궁금합니다."
"아, 네, 처음 저에게 1천만 원을 투자하면 한 달에 33.3퍼센트의 이자를 주겠다는 거예요. 처음에는 반신반의하고 있었는데 8주 동안 계속 그렇게 말씀하시고 하니까 서서히 믿음이 생기는 거예요. 그래서 그 분들의 사무실도 가보곤 하였습니다."

우리나라에서 매달 33.3퍼센트의 이자를 준다는 것은 거의 100퍼센트 사기에 가깝죠. 대부분의 사람들도 처음에는 의심을 하다가 '투자 금액으로 부동산이나 주식 등에 투자하여 투자 금액 이상의 수익이 발생한다. 때로는 의료기 사업까지 병행하므로 확실히 매달 33.3퍼센트의 수익률이 보장된다.'라는 식의 이야기로 투자 자금을 유치합니다. 대부분의 사람들은 '이것은 사기다.'라고 의심하면서도 계속 반복적인 만남으로 인하여 '그래도 부담 없는 100만 원만 집어 넣어볼까?'라는 생각이 들겠죠. 그리고 100만 원을 넣게 되면 매달 33만 원의 이자가 통장에 찍힙니다. 3개월만 지나면 이자로만 원금을 찾게 됩니다.

원금을 찾은 이후로는 매달 33만 원이 찍히므로 얼마나 기분 좋은 일이겠습니까? '세상에 이런 재테크가 어디 있어?' 하다가 '그래도 사기이지 않을까?'라는 의심에 1천만 원을 넣게 됩니다. 그 이후에 매달 333만 원이 찍히고 3달이 지나면 원금 1천만 원을 회복한 상태에서 매달 333만 원의 돈이 또 찍히게 되죠. 그 이후로는 '이것은 사기다.'가 아니라 '이런 경우도 있구나. 사기일 수도 있겠지만 내 돈만 안 날리면 된다.'는 생각으로 그동안 모은 돈들을 다 집어넣게 되죠. 그것도 모자라 부모, 형제의 돈이나 대출까지 받아서 투자를 하게 되는데 결국에는 망했다는 이야기를 듣게 되고 패가망신하게 되는 것입니다. 이런 것을 폰지 게임이라고도 합니다.

이러한 폰지 게임은 나가는 돈보다 들어오는 신규 자금이 많을 때는 유지가 됩니다. 하지만 나가는 돈은 많고 신규로 들어오는 돈이 적을 경우에는 문제가 터집니다. 최종적으로 마지막 막차를 탈 경우에 모든 책임이 투자자에게 돌아오게 됩니다. '난 막차를 안타면 되지.'라고 생각하겠지만 중요한 것은 언제가 막차인지는 아무도 모른다는 것입니다. 막차는 눈을 굴리는 사람만 알 뿐, 눈을 굴리도록 돈을 집어넣는 사람은 아무도 모르기 때문입니다.

단지 사기꾼들의 이야기뿐만이 아닙니다. 부동산에 투자하면 더블 수익률, 트리플 수익률이라고 떠드는 사람들이 주변에 많습니다. 이런 단계는 아니지만 '주식이나 펀드에 가입하면 노후가 보장된다.' 등등의 말로 주식이나 펀드에 가입하지만 결국 마이너스 수익률 30~50퍼센트의 경우가 발생되는 것도 매한가지라고 생각합니다. 여기서 한 가지 명심해야 할 것은 주식이든 부동산이든 펀드든 누군가가 매수한다면, 소개업자는 수익이 발생이 되고 팔 때도 그 주식이, 그 부동산이, 그 펀드가 떨어지든 오르든 수수료가 들어갑니다.

이런 사기꾼들의 공통점은 고객을 위하는 것처럼 이야기를 하지만 실제적으로 자신들의 이익만을 위하여 움직인다는 것입니다. 그 사기꾼들에게 떨어지는 이득이 있으므로 당신에게 투자를 권유하는 것이지, 그렇지 않고 '난 수수료도 안 받으니 당신들 이것만은 꼭 사세요.'라고 말하는 사람들은 거의 없습니다. 만약 수수료를 받지 않고 사라는 사람이 있다면, 그런 사람은 더 조심하셔야 합니다. 왜냐하면, 그런 상황에서는 이미 여러분이 지급하는 수수료 보다는 더 높은 금액을 누군가로부터 받았다는 이야기이고, 그것을 사는 순간 수수료보다 더 많은 금액을 인센티브로 받을 약정이 되어있는 경우가 많습니다. 결국 정상적인 시세보다 훨씬 더 여러분이 비싸게 주고 사는 것일 뿐입니다.

실제 사례를 든다면 땅을 소개하는 사람이 '소개료도 필요 없다. 그냥 당신을 위해 이 토지를 준비했다. 그러니 매수하세요.'라고 말을 한다면 대부분의 사람들은 그 사람을 천사로 볼 것입니다. 하지만 매수할 때는 수수료를 받지 않겠지만 매도하는 쪽에서 더 많은 금액을 받는다는 것입니다. 그렇다면 정상적인 토지 가격이 아니라, 정상적인 토지 가격보다 더 비싸게 토지를 사는 것일 가능성이 매우 큽니다. 이 세상 어떤 누가 돈 한 푼 받지 않고 우리를 위해서 좋은 상품을 소개하겠습니까? 정신 똑바로 차려야 합니다.

CHAPTER 5
부자로 가는 지름길인
좋은 차 욕심부터 버리세요

번영을 누리고 있을 때는 절제를 잊지 말아야 하고
역경에 처했을 때는 신중을 기해야 한다.
- 페리언드로스

현재 사회는 양극화가 심각합니다. 가진 자는 더 많이 가지고 가지지 못한 자는 더 많이 못 가지는 사회인데요. 특이하게도 자동차만큼은 이러한 양극화가 잘 통하지 않는 것 같습니다. 부자이면서도 오래된 허름한 차를 타는 경우도 있고, 원룸, 투룸에 살면서 수입 차를 타는 그런 젊은 사람들도 주변에 많이 있습니다. 제가 알고 있는 200억 대 부자는 여전히 15년 이상 된 SUV를 타십니다. 그래서 그분한테 여쭤보았습니다.

"재산이 그렇게 많으시면서 차는 왜 이렇게 오래된 차를 몰고 다니시죠?"

그러면 그 사람은 그렇게 이야기합니다.

"차는 차일 뿐입니다."

"그럼 세차라도 자주 하시죠. 왜 세차도 안하십니까?"라고 물어보니 이렇게 답하셨습니다.

"차는 차일 뿐입니다. 괜히 세차비 들일 필요 뭐가 있겠습니까, 교수님."

맞아요. 차는 차일 뿐이죠. 군이 자동차에 신경쓰지 않고 그냥 타고 다닌다는 말입니다.

즉, '내실이 더 중요하다.'라는 말입니다.

그런데 우리 주변을 한번 살펴보세요. 원룸, 투룸이 많은 다가구 지역에 가보면 외제 차들이 대단히 많아요. 그래서 수입 차를 운전하는 원룸 세입자들한테도 이렇게 물어봅니다.

"왜 이렇게 좋은 수입 차를 타고 다닙니까?"

"수입 차를 타고 다니면 운전할 때 다른 차들이 덤비지를 않습니다. 수리비 때문에요. 그리고 운전할 때만큼은 무시를 안 당한다는 느낌이고 뭔가 모를 뿌듯함이 느껴지는 것 같아요. 그래서 수입 차를 선호합니다."

이러한 생각의 차이가 결국 돈의 차이로 나타납니다. 월세를 받는 사람은 오래된 차를 타고 월세를 내는 사람은 수입 차를 타고 다닌다는 사실이 좀 아이러니하지 않습니까?

문득 이런 생각이 들었습니다.

'가난한 이는 타인에게 관심받기를 원한다. 부자들은 타인의 관심에 관심조차 없다.'

가난한 사람은 '다른 사람들이 나를 어떻게 생각할까?'에 고심하고, 다른 이들을 의식하면서 내실 없이 꾸미기에 급급하지만, 부자들은 다른 사람이 나를 어떻게 생각하든지 관심조차 없습니다. 이는 보여지는 나보다는 내실 있는 나를 더 중요하게 여기기 때문입니다. 간혹 언론 보도를 통해서 다음과 같은 뉴스를 접하게 됩니다.

아르바이트 해서 번 돈으로 수입차 구입 후 20대 음주 교통사고

원룸, 투룸 살면서 수입차 구입

젊은이들 취업과 동시에 새 차를 구입

어떻게 보면 좀 안타깝습니다. 그만큼 우리나라의 경제 교육이 부실하다는 이야기인데요, 자동차를 구입하게 되면 나가는 돈이 있습니다. 첫 번째로 보면 비싼 자동차 값. 요즘 차 가격이 얼마나 비쌉니까? 여기에 할부금과 할부금이자, 보험료, 자동차세에 좋은 차를 샀으니까 건강보험료까지 올라가겠죠. 그리고 기름 값, 유지비, 수리비 등이 있고, 주차위반, 신호위반 등의 과태료까지 생각한다면 차타고 다니기 힘듭니다. 그리고 새 차를 구입하면 그 자리에서 기본적으로 최소 3~5백만 원 정도 시세가 떨어지기 시작하고, 1년이 지나면 신차 가격의 20퍼센트 정도 떨어지며 2년이 지나면 11~15퍼센트가 떨어지고, 3년이 지나면 17~18퍼센트가 떨어지고 결국 새 차를 산지 3년 정도 지나면 새 차 가격의 40~50퍼센트 정도의 가격이 하락하게 됩니다. 결론적으로 새 차를 산다는 것은 실익이 크게 없습

니다. 돈을 모으기 시작해야 하는 사람들에게는 자동차 구입은 말 그대로 재테크적인 관점에서 볼 때 치명타입니다.

제가 대학 교수로 있을 때인데요, 학생 한 명이 저에게 "자동차를 사고 싶은데 교수님, 어떤 자동차를 사면 좋을까요?"라고 질문하는 겁니다. 그래서 제가 "무슨 돈으로 자동차를 사니?" 하고 물어보았습니다.

"여름방학 때 아르바이트 해가지고 250만 원을 모았는데요. 이제 중고 자동차를 살 수 있어요."

"왜 중고 자동차를 사려고 하니?"

"공부할 시간이 부족해서요. 그래서 운전하면서 어학 공부하려고요."

"공부할 시간이 부족하면 차라리 잠을 줄여 그리고 게임하는 시간을 줄이고 무슨 어학 공부를 차 안에서 한다고 그래. 그냥 중고 자동차라도 몰고 다니고 싶은 그런 과시욕에 의하여 차를 산다고 아냐? 그냥 공부는 집에서 하고 젊은 시절 타고 다니는 자동차는 차후 학생들이 부자로 가는 길을 막는 바리게이트야. 돈도 없으면서 자동차 타고 돌아다니는 그런 허풍쟁이가 되지 말고 열심히 돈을 모으는 알차고 똑똑한 뚜벅이가 되길 바란다."

그때 학생들의 반응은 수긍하는 분위기였습니다. 그리고 그 학생은 제 이야기가 조금 통했나 봅니다. 그 학생이 중고 자동차를 안 사고 오토바이를 사서 돌아다니더군요. 그런데 오토바이를 타고 다니다가 학교 내에서 넘어져서 팔이 부러지고 말았습니다. 그 학생이 강의시간에 이렇게 말을 하더군요.

"교수님, 차라리 그때 중고 자동차를 샀으면 제 팔이 안부러졌을텐데. 그때 자동차를 샀어야 됐어요."

"나는 너한테 자랑스러운 뚜벅이가 되라고 그랬지, 내가 언제 너한테 그런 위험한 오토바이를 타고 다니라고 그랬니?" 이렇게 말하자 순간 교실 안이 웃음바다가 됐죠.

딸아이도 자동차를 사고 싶다고 말을 하더라고요. 그래서 제가 이렇게 말을 하였습니다.

"딸, 자동차를 사기 이전에 최소한 3천만 원을 모아놓고 자동차 이야기를 해. 지금 한창 벌 때 자동차를 구입하면 자동차 원금, 세금, 이자, 보험료, 건강보험료, 기름값, 과태료 등등 차에 돈 많이 들어가. 돈 모으는데 자동차는 돈 먹는 하마라고 생각하렴. 그러니 일단 3천만 원이라도 부지런히 모아." 그리고 시간이 지나 3천만 원을 모았다면 이렇게 이야기할 것입니다.

"딸, 3천만 원 모으느라 수고했어. 자동차는 다음에 3천만 원 또 모으면 그때 생각해보고, 일단 소형아파트를 사자. 물론 아파트 소유자는 우리 딸 이름으로 하고 어때?"

"아빠, 3천만 원으로 아파트를 살 수 있어?"

"그럼 소위 말하는 '전세 안고 매입하기'로 사면 3천만 원 가지고도 살 수 있어. 그리고 돈 모아서 전세보증금을 세입자에게 지급하면 그 이후로는 월세를 받을 수 있어."

"와, 나도 월세 받고 싶다."

이것이 차츰차츰 부자의 길로 가는 그런 길이 아니겠어요. 그리고 40대, 50대들이 차를 사는 목적, 이것도 간단하죠. 차 구입한지가 벌써 몇 년이 지나서, 애들도 많이 자랐고 이제 큰 차가 필요해서 등등의 이유입니다. 특히 적금 만기가 됐다던가 아니면 갑자기 큰돈이 생긴 경우가 되겠죠. 이렇게 '차를 바꾸겠다.'는 생각의 핵심은 20대 젊은이들과 똑같습니다. 바로 과시욕 때문이죠. 이렇게 과시욕에 빠지는 순간 겨우 목돈을 마련해서 자동차를 바꾸는 비용으로 소비하면 결국 자동차 때문에 나의 재테크 투자 자금이 날아가는 것이고 노후 자금이 없어지고 맙니다.

따라서 현명한 20~60대분들은, 부자들은 그냥 오래된 자동차를 탄다는 것입니다. 그래야지 돈을 모을 수가 있는 것이죠. 그리고 모은 돈을 가지고 아파트라도 한 채, 두 채 사 모으시면 지금보다 나은 삶이 되실 것입니다. 따라서 부자가 되는 길은 단 한 가지예요. '자동차에 들어가는 비용을 줄여라. 최대한 자동차에 관해서는 돈을 안 들어가게끔 막아야 한다.'는 얘기예요. 차는 단지 차일 뿐입니다.

CHAPTER 6

은행, 증권, 부동산, 정부를 너무 믿지 마세요

자신의 능력을 믿어야 한다. 그리고 끝까지 굳세게 밀고 나가라.

- 로잘린 카터

정부, 은행, 대기업, 증권, 보험, 부동산 당신의 돈만 노립니다. 그렇게 쉽게 당하지 마세요. 자본주의에 대해서 한번 간략히 이야기를 나눠볼까요? 먼저 자본주의는 이윤 추구를 목적으로 하는 자본이 지배되는 경제 체제를 말하는 것입니다. M 베버Max Weber 같은 경우에는 직업으로서 합법적 이윤을 조직적, 합리적으로 추구하는 정신적 태도라 하고요, K 마르크스K. Marx는 이윤 획득을 목적으로 상품 생산이 이루어지고, 노동력이 상품화되며, 생산이 무계획적으로 이루어지는 것을 자본주의라고 합니다. 쉽게 압축을 해서 말씀드리면 돈이 돈을 버는 사회, 돈을 중요하게 여기는 사회, 그것이 바로 자본주의입니다.

우리는 현재 자본주의 국가에 살고 있습니다. 자본주의는 정당, 기업 ,

개인으로 크게 나눌 수 있을 것 같은데요. 각각의 목표를 살펴보면 정당이야 당연히 정권 창출이 최고의 목적이 되겠죠. 정권을 창출하면 당연히 권력을 가지게 되는 것이고, 권력은 바로 돈이지 않겠습니까? 기업도 이윤 추구가 목적입니다. 개인의 목적은 당연히 행복하게 살기가 목적이지 않겠습니까? 개인이 살아가는 목적이 불행하기라고 말하는 사람은 아무도 없을 것입니다. 개인은 다 행복추구권이 있지요. 행복하기 위해서 다들 노력하지 않습니까? 그런데 이처럼 행복하기 위해서는 나가서 일해야 합니다. 돈을 벌어야지 행복하게 됩니다. 결국 자본주의 국가에서는 모든 것이 돈을 벌기 위해서 움직이고 돈을 쓰기 위해서 움직인다는 것이죠. 정당도 그러하고요, 기업도 그러하고, 개인 또한 돈을 벌기 위해서 우리가 열심히 일을 하고 또 돈을 쓰기 위해서 열심히 돈을 버는 것 아니겠습니까? 그렇다 보니 약육강식의 세상이 되어 버린 것입니다.

돈 많은 자들은 돈 없는 자들의 돈을 가지려고 하는 특성이 있습니다. 마르크스의 《자본론》에 의하면 자본주의 체제의 핵심이 두 가지로 요약이 되는데요.

첫 번째, 자본주의 사회에서 기업 소유주는 노동자에게 가급적 적은 임금을 지불함으로써 자신의 이윤, 여기서 말하는 이윤이 잉여가치라고 표현합니다. '자신의 이윤을 극대화하려 한다.' 기업에서 일하는 그런 노동자들에게는 기업은 최소한의 월급만 즉, 한 달 먹고살 것만 그러한 돈만 지급한다는 것입니다. 노동자들이 돈을 축적하고 돈을 많이 벌게 되면 일을 안 합니다. 따라서 기업 입장에서는 노동자가 자본을 축적하지 못 할 만큼의 돈만 지급을 한다는 이야기입니다.

두 번째, 이러한 잉여 가치는 노동자에게 돌아가지 않고 기업에 재투자되어 투자가 늘고 기업은 더 성장한다는 것이죠. 결국 기업은 막대한 이윤이 쌓이고, 노동자는 기업의 이윤을 위해 노동을 제공하고 먹고 살기 위해서 일하니까 결국에는 부의 양극화가 극명하게 나타날 것이라고 마르크스는 이렇게 말하였습니다. 어떤가요? 지금 와서 생각해보니까 마르크스의 자본론이 현재 세계에 딱 맞아떨어지는 것 같지 않습니까?

결국 자본주의하에서는 개인은 자본주의를 위하여 존재하는 것이므로 재산을 모으기 위해서 노력하지만, 돈을 좀 모으면 이 돈이 결국 엉뚱한 곳으로 빠져나간다는 겁니다. 대부분의 사람들에게 말입니다. 노동자의 입장에서 얼마만큼의 돈이 모였다고 한다면 이상하리만큼 이 얼마만큼의 모아진 돈이 옆으로 세어나간다는 얘기죠. 자본주의의 약육강식 때문입니다. 적게 가진 자가 더 적게 가진 자를 잡아먹고요, 많이 가진 자가 적게 가진 자들을 잡아먹고, 대기업이 중소기업을 잡아먹는 사회. 이러한 사회가 바로 자본주의 아닌가요?

이러한 자본주의 사회에서 여러분이 가지고 있는 그러한 돈. 그러한 돈을 자본주의가 가만히 놔둘 것 같습니까? 이러한 돈을 가만히 놔두지를 못

하니까 자본가들은 이러한 돈을 뺏어오기 위해서 별의별 상품을 다 만들어내지 않습니까? 금융 상품이 됐든, 투자 상품이 됐든, 부동산 상품, 다단계 상품, 주식 상품, 수익성 상품 등, 얼마나 투자 상품의 종류가 많습니까? 이런 불량 식품들을 자본주의의 자본가 집단이 만들어서 여러분이 가지고 있는 돈을 뺏어낸다는 얘기죠. 여러분에게는 불량 식품을 먹이면서 당신이 가지고 있는 그 돈을 자본가들이 뺏어간다는 말입니다.

얼마 전 언론에 의하면 해외금리연계 DLS라는 파생 결합 증권 상품에 평균 1인당 평균 2억 원씩 투자가 됐고요, 개인이 95퍼센트나 투자했고, 법인이나 기업이 5퍼센트밖에 투자를 안했다는 얘기를 들었습니다. 개인들이 거의 해외 금리 연계 DLS에 투자했다는 얘기 아닙니까? 그런데 중요한 것은 손실률이 무려 56~95퍼센트가 된다는 것이에요. 해외 금리 연계 DLS, 즉 독일 국채 10년 물의 금리에 투자를 했다면, 2억 원을 투자했는데 현재 남은 돈이 1천만 원이라는 얘기예요. 예상 손실률이 무려 95.1퍼센트, 다시 말해 거의 다 내 돈이 뺏겼다는 얘깁니다.

그런데 이것뿐만이 아니지 않습니까. 원유 가격을 기초 자산으로 하는 그런 DLS도 걱정이 되고요, 여기다가 금리 연계 DLS, 불안한 세계 경제 여파 등으로 지금 이러한 투자 상품에 가입하신 분들이 불안하다는 것입니다.

결국 개인들, 여러분에게서 발생된 손실 금액이 이게 다 누구에게 가나요? 이러한 금융상품을 만든 자본가 집단에게 가지 않겠습니까? 국내 금융회사들은 약정 수수료에, 만약 계약자가 해약을 하게 되면 위약 수수료로 또 5퍼센트를 떼어가고. 결국 피해는 이런 상품에 가입한 여러분만 피해가 돌아간다는 이야기입니다. 은행이나 증권 등 금융기관에서 파는 그런 금융상품뿐만이 아니죠. 주식으로 놓고 보더라도 신라젠 주식을 살펴보면 2017년 초 한 주당 금액이 1만 원 대에서 2017년도 11월, 한 주당 가격이 무려 15만 원까지 올라갔다는 이야기입니다. 주가 폭등이었습니다. 이러한 폭등의 이유는 신약개발이라는 이슈였는데요, '임상 3기가 통과된다.' 이런 뉴스에 의해서 제약주들이 급등한 시기지 않습니까? 그런데 2019년 임상 3기가 실패된 게 발표가 됐지 않습니까? 더군다나 임상 3기가 실패한다는 그러한 사실을 알았는지 몰랐는지는 모르겠지만 임상 3기 실패 발표 전에 대주주가 본인이 가지고 있는 주식을 판 것 아닙니까? 지금은 상장폐지의 기로에 서서 거래 정지가 된 상태입니다.

부동산 또한 그렇습니다. 제가 수차례에 걸쳐서 말씀드리지 않습니까? 기획부동산, 토지, 테마상가, 오피스텔, 수익형 부동산, 월세 10년 보장 등등 이야기 하나 마나이죠. 또 동네에 있는 부동산들 "이거 좋은 물건이다." "이거 급매로 나왔다." "이만한 가격 없다. 이거 사라." 등등 이렇게 말하는 부동산을 믿고 샀다가 피해를 본 경우도 많지 않습니까?

만약 여러분이, 부동산 지식이 부족하다고 생각하신다면 그냥 부동산 투자도 하지 마세요. 모르면 참으셔야 하지 않을까요? 여기에다가 별의별 다단계로 또 당신들에게 높은 이자를 주겠다는 그런 다단계 판매상들이

유혹하고 있지 않나요?

정부도 마찬가지라고 생각합니다. 어떤 때에는 부동산 규제를 완화하고 취득세도 깎아주고, 보유세도 내려주고, 양도소득세 비과세 혜택을 줄 테니 정부가 부동산을 사라고 합니다. 그런데 시간이 지나서 부동산 가격이 오르면 부동산을 사지 말라고 합니다. 부동산 투자하는 사람들을 투기꾼으로 매도하기도 합니다. 그리고 양도소득세, 취득세를 중과세하지 않습니까? 이렇게 부동산에 관련된 정부의 정책 또한 왔다 갔다 한다는 거예요. 그리고 한동안 임대 사업자 등록하라고 엄청 홍보하지 않았습니까. '임대 사업자 등록을 하면 이러이러한 혜택들이 엄청나게 많다. 그러니 등록을 하라'고 하죠. 그래서 많은 사람들이 임대 사업자 등록을 하니까, 그 이후에 임대 사업자에 대한 혜택을 축소해버리지 않습니까? 결국 정부 또한 믿기가 어렵다는 것입니다.

제가 보기에는 돈 좀 벌겠다고 나서는 여러분은 한 손에는 돈, 한 손에는 욕심. 이렇게 재테크 밀림 속을 다가간 것입니다. 그러면 재테크 밀림 속의 야생짐승들이 여러분을 가만히 놔두겠습니까? 결국 돈에 굶주린 짐승들에게 여러분은 당하고 마는 것입니다. '에이 설마 내가 그렇게 쉽게 당하겠어? 설마 그러겠어?'라고 생각하시겠지만, 지금까지 수많은 사람들이 이렇게 당해 왔습니다.

재테크 밀림에서는 예외란 없습니다. 당신은 돈 좀 더 벌려고 당신 발걸음으로 그곳으로 간 것이고요, 돈에 배고픈 짐승들은 당신의 돈을 먹기 위해서 그곳으로 온 거예요. 당신은 우연이라고 필사적으로 말씀을 하시겠지만 짐승들에게는 당신과의 만남은 우연이 아니라 필연입니다.

차라리 아무것도 하지 마세요. 열심히 일하시고, 열심히 돈 모으시고, 열심히 재테크 공부만 하시길 바랍니다. 은행은 예금, 적금만 가입하시고요, 주식 투자는 소액으로만 공부 삼아 하시고, 가능하면 쳐다보지 마세요. 부동산은 내 집과 오로지 월세 나오는 소형 아파트만 관심을 가지라는 이야기입니다. 그리하여 지금과 같은 경기 침체기와 코로나 19로 인한 불확실성이 강한 이 시대에 내 집과 내 현금을 꼭 지키시기 바랍니다. 그래도 만약에 투자하시려면 다음을 기억하세요.

첫째. 큰 그림을 그리고

둘째, 미래에 오를 것만 연구해 보시며,

셋째, 인터넷이나 주변에 있는 장사꾼들의 말에 현혹되지 마시고,

넷째, 자신이 잘 알고 있는 것,

다섯째, 자신이 잘 아는 것,

여섯째, 자신이 투자해본 것 중 오른 것에만 관심을 가지시길 바랍니다.

불량 식품만 사람을 죽이는 것은 아닙니다. 불량 금융 상품, 불량 부동산 상품, 불량 주식들은 나를 죽이고 우리 가족을 죽일 수 있습니다. 앞으로 다가올 미래는 분명 지금보다 더 힘든 세상이 될 것입니다. 이런 시대

에 내 재산을 지키는 것은 말은 쉬운 것 같지만 결코 쉬운 것이 아닙니다. 모르면 아예 아무것도 투자를 안 하는 것. 지금 재테크 시장에서 본인이 재테크 지식과 지혜가 없다면, 최고의 선택은 현재를 열심히 살며, 투자는 잠시 쉬면서 재테크 공부를 하는 것이 아닐까요?

CHAPTER 7
야무진 전·월세 계약으로
돈을 지켜내세요

인간에게는 의식적인 노력으로 자신의 삶을 높일 능력이 분명히 있다는 것보다
더 용기를 주는 사실은 없다.
- 헨리 데이비드 소로우

이제 종잣돈이 형성되었다고 가정합시다. 이러한 종잣돈을 잘 지키는
방법으로 일단 안 쓰는 것이 대원칙임에는 누누이 말을 해도 아깝지 않
을 것입니다. 그렇지만 적은 돈을 알뜰하게 잘 아끼면서 의외로 큰 목돈
을 올바르지 못한 지식과 짧은 사회경험으로 잃어버리는 경우가 의외로
많습니다. 이처럼 어렵게 모은 목돈과 종잣돈이 어떠한 경우에 없어지는
지, 그리고 이러한 상황에서 사전예방에 관한 지식과 지혜를 알아보도록
하겠습니다.

먼저 20~40대에 모든 돈으로 사회에 진출하다보면 가장 먼저 부딪히는
것이 바로 부동산 계약입니다. 부동산 계약 중에서도 제일 먼저 부딪히는
것이 전세 계약인데요, 전세계약서만 작성하면 되는 것이 아니라 전세계

약서를 체결한 이후에도 여러 가지 법적 절차에 따라 준비해야 할 것들이 많습니다.

예를 들어서 반드시 집주인과 전세 계약을 체결해야 하고 전세 잔금을 지급한 이후로는 전입신고와 확정일자를 받아야 하는 경우와 어떠한 상황이든 전세 기간 내에 전입 신고를 다른 곳으로 옮기면 안 됩니다.

부산에서 강의를 하는데 28세로 초등학교 남자 선생님에게서 이런 이야기를 들었습니다.

"제가 교편을 잡아서 부산 동래구 사직동으로 전세를 들어갔는데요, 부동산 중개수수료를 아끼기 위해서 생활정보지를 보고 아파트 전세 계약을 체결하였는데, 알고 보니까 그 사람이 주인이 아니더군요. 그래서 전세금을 날렸지 뭡니까. 내 자신이 얼마나 한심하였는지 그때 돈을 모으는 것도 중요하지만 더 중요한 것은 바로 '내 돈을 지키는 것이다.'라고 생각이 들어서 교수님 강의를 들으러 왔습니다."

이처럼 세상을 살다 보면 어처구니 없이 내 돈이 나가는 상황이 많습니다. 바로 이런 경우입니다. 이 젊은 초등학교 선생님 이야기뿐만이 아니라, 실질적으로 부동산 거래에 있어서 집주인이 아닌 제 3자와 거래계약을 체결하여 법적 문제까지 발생하는 경우를 많이 보아왔습니다. 심지어 어떤 상황에서는 공인중개사무소에서 거래를 한 것 또한 사기로 인하여 계약금과 중도금을 잃어버리는 경우도 자주 언론에 보도되기도 합니다. 또 한 번은 젊은 전문직 여성이 이런 상담을 한 적이 있었습니다.

"교수님, 제가 작은 아파트에서 전세로 살고 있는데요, 언니가 아파트를 분양받기 위하여 언니네 집으로 주소지를 옮기라고 해서 그렇게 했는데, 그만 제가 전세로 살고 있던 아파트가 경매 나오고 말았습니다. 이럴 경우 저의 전세보증금은 어떻게 되는 건가요?"

"큰일이군요. 집주인에게 전세금을 지급하고 전입신고와 확정일자까지 받았지만 전입신고를 다른 곳으로 옮기게 되면 세입자로서의 자격을 상실하게 됩니다. 따라서 소액임차인이 아니므로 전세금을 하나도 받지 못할 것 같습니다. 달리 방법은 없고, 받지 못한 전세금을 집주인에게 달라고 하세요. 다만 집주인이 망해서 자신의 집이 부도났기 때문에 제가 보기에는 집주인에게 받기가 어려워 보입니다."

비록 커리어우먼으로 자신의 일에서는 인정받았을지도 모르지만, 아주 상식 선의 부동산 지식 부족으로 자신이 모은 전세금이 모두 날아간 순간이었습니다. 이처럼 열심히 모은 목돈과 종잣돈을 올바르게 지키기 위해서는 기본적인 부동산관련 지식과 지혜를 올바르게 알고 있어야 합니다. 따라서 전세 계약의 경우에 유의할 점은 다음과 같습니다.

첫째, 전세 계약이든, 월세 계약이든, 매매 계약이든 모든 계약은 반드시 집주인과 직접 계약서를 체결해야 합니다. 간혹 집 주인의 부모님이, 동생이, 아는 지인이 대신 나와서 계약하는 경우가 있는데요. 이런 경우에는 대리인에게 위임한다는 위임장과 집주인의 인감증명서를 반드시 확인하셔야 합니다.

둘째, 전세 들어가고자 하는 부동산에 융자가 잡혀있지 않아야 합니다. 여기서 융자란, 집주인이 돈이 필요한 경우에 자신의 부동산을 은행에 담보 잡히고 돈을 빌리는 것을 말합니다. 융자 있는 집에 전세로 들어가서 경매를 당할 때에는 나의 전세금을 한 푼도 받지 못할 가능성이 많으므로 반드시 전세로 들어갈 때에는 '대출이 없는 집에 들어가셔야 한다.'는 말입니다.

셋째, 전세계약서를 체결한 이후에 반드시 동네에 있는 주민센터에 가서 확정일자를 받아야 합니다. 확정일자란, 나보다 늦게 들어온 부동산의 권리에 비하여 내가 먼저 법원에 배당금액을 탈 수 있는 권리를 말합니다. 시간 없어서 확정일자를 늦게 받을 경우에 나보다 늦게 들어온 융자에 의하여 내가 받을 전세금의 순위가 뒤로 밀려나게 되므로 반드시 전세잔금을 지급하는 순간 확정일자를 주민센터에 가서 받기를 바랍니다.

넷째, 전입신고를 하여야 합니다. 전입신고란, 전세계약을 체결하고 잔금을 지급한 이후에 해당되는 부동산 주소지의 주민센터에서 '내가 이곳에 거주합니다.'라는 일종의 신고를 말하는 것입니다. 주민등록등본을 발급해 보면 내 주소가 이곳으로 옮겨진 것을 알 수 있습니다. 그리고 전입신고 이후로는 앞서 예를 든 전문직 여성처럼 다른 곳으로 전입신고를 할 경우에 전세세입자로서의 효력을 상실하므로 어떠한 경우든 다른 곳으로 주소를 옮기면 절대로 안 됩니다.

전세 계약 체결 시 유의점

1. 융자 없는 집에 들어간다.

2. 반드시 집주인하고 계약한다.

3. 전세 잔금 지급 이후로는 반드시 주민센터에 가서 확정 일자를 받는다.

4. 전세 잔금 지급 이후 주민센터에 가서 전입신고를 한다.

5. 어떠한 경우든 다른 곳으로 주소를 옮기지 않는다(다른 곳으로 전입신고를 다시 하지 않는다).

CHAPTER 8

절대 사면 안 되는
부동산 순위 다섯 가지

눈이 먼 것보다 더 안 좋은 게 있을까? 있다. 볼 수는 있지만 비전이 없는 사람.

- 헬렌 켈러

우리는 삶을 살아가면서 부동산하고 뗄래야 뗄 수 없는 관계에 있습니다. 우리가 거주하는 곳도, 사업이나 직장을 다니는 곳도, 마트나 식당에 가도 우리는 부동산에 가는 것입니다. 결국 우리는 부동산하고는 뗄래야 뗄 수 없는 관계입니다. 보통 사람들이 돈을 모으면 가장 먼저 하는 것, 바로 내 집 마련입니다. 그리고 돈을 모아서 아파트를 또 구입하고 시간이 지나면 월세 수익을 받고자 상가나 오피스텔에 투자하는 경우가 많습니다.

하지만 부동산 재테크를 한다고 해서 다 돈을 버는 것은 아닙니다. 어떤 부동산은 시세 차익과 월세도 잘 나오는 반면에, 어떤 부동산은 세입자를 못 구해서 안달이고 관리비와 은행 이자까지 부담하는 그런 부동산도 있습니다. 이처럼 부동산 투자는 돈을 벌수 있는 기회이기도 하지만 우리의 소중한 돈이 손실나는 위기의 순간이기도 합니다. 특히 부동산 같은 경우에는 주식이나 다른 금융 상품 투자에 비하여 큰돈이 들어가는 투자이므로 더욱더 조심하여야 합니다. 따라서 부동산 투자에서는 꼼꼼하게 따져보고 잘 투자해야 합니다. 지금부터는 절대 사면 안 되는 부동산 순위 5위까지 말씀드리겠습니다. 이러한 위험에 빠지지 않길 바랍니다. 특히 돈을 모았는데 한번 잘못된 판단으로 고통 속에 빠지는 것을 예방하는 차원이라고 생각하시면 좋겠습니다.

절대 사면 안 되는 부동산 5위, 나 홀로 아파트

저렴하다고 외떨어진 나 홀로 아파트를 사면 위험합니다. 나 홀로 아파트는 아파트의 동수가 1개동 아파트를 말합니다. 이는 세대 수가 얼마 안 되기 때문입니다. 이런 아파트는 수익나기가 어렵습니다. 또한 기존 아파트들의 수익은 '몇억이 올랐네'라고 할 때 '조금 올랐네'라고 이야기할 정도입니다. 어느 정도 세대 수도 있어야지 학교도 들어서고 근린 생활 시설도 들어서지 않겠습니까? 그런데 나 홀로 동 아파트 같은 경우에는 세대 수가 적기 때문에 학교나 근린 생활 시설, 병원 등이 들어서지 못합니다. 따라서 수익 나기가 굉장히 힘듭니다. 물론 매매 가격은 저렴할 수도 있겠지만 나중에 내가 팔려고 할 때, 사주는 사람이 없을 가능성이 큽니다. 따라서 가격은 저렴한데 시세가 안 올라가는 것입니다. 또한 부동산 불경기일 때, 전세 세입자나 월세 세입자 구하기도 힘들다는 사실도 명심하시길 바랍니다. 따라서 이왕 아파트를 매수하고자 하신다면 반드시 세대 수가 최소한 몇 백 세대 이상 되는 그런 아파트를 고르시기 바랍니다.

절대 사면 안 되는 부동산 4위, 신축 빌라, 연립, 다세대

빌라, 다세대 주택, 연립 주택은 아파트의 대체재 역할을 합니다. 여기서 대체재라는 말은 '꿩 대신 닭'의 개념으로 받아들이시면 됩니다. 아파트 가격이 너무 상승하여 아파트를 매수하지 못하는 사람들이 대신 빌라나 연립, 다세대 주택을 매수합니다. 따라서 아파트 가격이 몇 천만 원, 몇 억이 오른 다음 빌라, 다세대 주택, 연립이 몇백, 몇천만 원이 오릅니다. 빌라, 다세대 주택의 경우에는 가격이 올라갈 때는 아파트에 비하여 조금 올라가고 떨어질 때는 가격 하락이 많이 떨어지는 특징이 있습니다. 특히 서울이나 수도권의 신축 빌라나 다세대 주택 같은 경우에는 매매 가격이 몇억 하는 경우가 있는데요. 차라리 그 돈으로 가능하다면 아파트를 매수하는 것이 좋습니다.

또한 지방의 빌라나 연립, 다세대 주택 또한 그렇습니다. 이왕이면 그 돈으로 작은 아파트를 사시는 것이 시세 차익 면에서 좋고 혹시라도 부동산 가격이 하락할 경우에 덜 떨어지는 성향이 있기 때문입니다. 실제 상담사례로 20년 전에 2000세대 32평 아파트의 매매 금액이 9천5백만 원이었고 상담자가 매수한 32평 빌라의 매매 금액이 9천만 원이었다는 겁니다. 20년이 지난 지금 그 아파트는 3억2천만 원하고, 본인이 매수한 빌라는 1억 원도 안한다고 하시는 분이 계셨습니다. 그렇다면 앞으로 내 집 마련을 하시거나 투자의 목적으로 아파트를 사시겠습니까? 아니면 빌라, 다세대 주택, 연립을 사시겠습니까?

절대 사면 안 되는 부동산 3위, 오피스텔

오피스텔에 대해 간단히 설명하면 주거용이나 사무용으로 병행하여 사용가능한 부동산을 말합니다. 사람들이 소액으로 투자하고 월세를 받을 수 있는 수익형 부동산을 말합니다. 따라서 많은 직장인들이 아파트를 사기에는 돈이 부족하고 해서 오피스텔을 분양받거나 매수하는 경우가 종종 있습니다. 하지만 시간이 지나면 '괜히 샀구나.'라고 후회하는 부동산이 바로 오피스텔입니다. 월세를 주는 세입자를 구하지 못할 경우에는 매달 관리비를 부담해야 하고, 대출을 받으셨다면 은행 이자까지 부담해야 합니다. 무엇보다 아파트에 비하여 시세 차익이 거의 나지 않습니다. 간혹 '서울 강남의 오피스텔은 괜찮지 않습니까?'라고 여쭤보시는 분들도 계시는데요. 전 이렇게 간단히 답을 드립니다.

"강남 오피스텔을 살 돈으로 서울 변두리의 소형 아파트를 매수하셨다면 시세 차익은 어떤 것이 더 많이 났을까요? 오피스텔이 몇천만 원 올랐다면 아파트는 몇억 원이 오르지 않았습니까?"

따라서 서울 강남이든 수도권이든 지방이든 오피스텔의 가격은 아파트에 비하여 현저히 오르지 않습니다. 오히려 공실시 관리비, 은행이자 등을 생각한다면 조심하셔야 합니다.

절대 사면 안 되는 부동산 2위, 테마상가

테마 상가Theme Street란 하나의 주제를 놓고 그와 관련된 업종을 중심으로 집단화한 형태의 건물을 말합니다. 여러분들께서 잘 아시다시피 전자상가, 의류상가, 가구상가, 쇼핑몰상가, 멀티플렉스 복합상영관 상가 등이 있습니다.

우리나라에서 테마 상가의 시작과 호황은 1998년으로 올라가는데요. 그 당시 의류테마 상가, 쇼핑몰 상가 복합 상가 등이 인기가 많았습니다. 그 이후 2000년도 초반에 동대문 굿모닝 시티부터 전국적으로 유명한 대도시마다 쇼핑몰, 극장이 들어선다 하고 밑에는 세 평, 다섯 평, 열 평씩 건물을 쪼개서 많은 분양을 했었습니다.

그런데 분양을 한 이후에 많은 분양회사들이 부도가 났었죠. 설령 부도가 나지 않고 정상적으로 입주했다 하더라도 아직도 세입자를 구하지 못하거나, 손해 보고 팔고 싶어도 매수자를 구하지 못한 경우가 얼마나 많습니까? 지금도 세종시가 됐든 어디가 됐든 엄청나게 테마 상가를 많이 짓고, 많이 분양하고 있지 않습니까?

또 GTX 역세권이니 뭐니 하면서 얼마나 많은 테마 상가들을 또 분양할까요? 여러분, 조심하셔야 합니다. '테마 상가는 분양받는 즉시 손해다. 내돈이 나갔다.'라고 생각해야 합니다. 오피스텔과 같이 세입자를 못 구해서 은행이자에 관리비에 눈물 짓고 분양 가격에 반값이라도 내 놓아도 안 팔리는 게 바로 테마 상가입니다. 지금은 오프라인보다는 온라인 쇼핑을 통하여 많은 사람들이 물건을 사고 있지 않습니까? 미국에서는 대형 백화점이 줄어들고 있고요, 국내에서도 대형 마트나 백화점들이 매물로 나오고 있는 실정입니다. 이러한 의미에서 본다면 테마 상가는 돈 나가기에 딱 좋은 부동산입니다.

절대 사면 안 되는 부동산 1위, 기획 부동산 '땅, 상가'

기획 부동산은 우리 생활 주변에 있는 공인중개사 사무실을 말하는 것이 아닙니다. 대형 평수의 땅을 싸게 매입을 하여 '이 땅에 개발 이슈가 있다. 매수해두면 수십 배 가격 상승한다.'라고 말하는 것을 말합니다. 불분명한 자료와 정보를 근거로 하여 본인들은 한 평에 몇 만 원을 주고 매입을 하여 이 땅을 수십 평에서 수백 평으로 땅을 쪼개어 한 평당 몇 십만 원에 분양하는 업체를 말합니다. 이처럼 기획 부동산에 대해서는 여러분 또한 익히 잘 알고 계실 것이라고 생각이 드는 데요, 조심할 부분은 이 기획 부동산들이 땅을 팔 때 수억, 수천만 원 하는 땅을 팔지 않는다는 말입니다.

요즘 들어서는 땅 30평에 분양가격 1500만 원, 땅 100평에 분양가격 2000만 원 이처럼 소액으로 투자할 수 있게끔 땅을 잘게 쪼개어 판다는 사실 꼭 명심하시길 바라고요, 여러분 주변에 혹시 사람들이 땅 보러 가자라고 말한다면 그런 사람들조차도 조심하시길 바랍니다. 그런 분들이 바로 기획 부동산에 비정규직으로 근무하며 수당을 받는 소개 꾼들이라는 말입니다. 또한 일간지 신문들이나 경제신문의 하단을 보시면 '어디 투자하라.'는 식의 광고가 많이 나오지 않습니까? 그런 땅들이 대부분 위험한 땅들입니다. 이처럼 기획 부동산을 통하여 잘못 매수한 땅들은 나중에 팔려고 해도 안 팔립니다. 투자하는 즉시 손실입니다.

우리가 옷을 구매하거나, 하나의 재화를 구매할 때에도 이것저것 꼼꼼히 따져보지 않습니까? 그런데 부동산이라는 재화는 하나가 최소 몇천만 원이고 보통 몇억 원은 하지 않습니까? 이처럼 단일 재화로서 사고 파는 것 중에 가장 비싼 재화가 바로 부동산입니다. 그런데 대부분의 사람들은 적게는 몇천만 원 많게는 몇억을 투자하면서 너무 쉽게 투자하시는 것 같습니다. 그만큼 사기를 당할 확률 또한 굉장히 높겠지요. 부동산은 그렇게 가볍게 구매를 결정할 것이 아닙니다. 부동산은 그렇게 쉬운 것도 아닙니다. 부동산은 당신을 살릴 수도 있고 부동산은 당신을 망하게 할 수도 있다는 점을 늘 명심해야 합니다. 부동산은 행복한 삶, 성공적인 삶을 살게 할 수도 있고, 당신을 고통으로 떨어뜨릴 수도 있습니다. 그러므로 부동산 투자 시 조심하고 또 조심해도 부족하지 않습니다.

반드시 자신과의, 돈과의 싸움에서
승리하시고 돈의 구속에서 탈출하세요

지금까지 돈에 관하여 많은 이야기를 나누어보았습니다. 어떠십니까, 여러분, 돈 공부를 막상 해보니 힘드시지요? 맞습니다. 세상에 쉬운 일이 어디에 있겠습니까? 특히 돈에 관련된 공부는 어렵고 힘들죠. 하지만 우리는 이 책을 통하여 한 가지 꼭 기억하셨으면 하는 것이 있습니다. 그것은 바로 '돈 버는 것과 돈 관리하기가 쉽지 않다.'입니다. 그리고 전통적인 부자들은 '가정교육과 더불어 돈 교육'에 많은 신경을 쓴다는 것입니다. 앞서 이야기 드린 것처럼 어려운 집안에 태어나 혼자만의 작은 성공은 노력하면 이룰 수도 있습니다. 하지만 혼자만의 성공이 아니라 대대손손 지속가능한 부를 이어가기 위해서는 '돈 교육'이 필요합니다.

그리고 노후에 대한 준비 또한 필요한 시기입니다. '노후 준비를 이렇게 저렇게 하라.' 등등의 이론적인 이야기 뻔한 이야기를 드리고 싶은 마음은 전혀 없습니다. 단지 이것만 기억하세요.

첫째, 많이 걸으세요. 둘째, 많이 웃으세요. 셋째, 돈 절약하세요. 넷째, 돈 모으세요. 다섯째, 모은 돈을 재테크로 잘 굴리세요. 여섯째, 모아진 돈을 잘 지키시길 바랍니다.

또한 아무리 좋은 말과, 아무리 좋은 글을 듣고 보았다 하더라도, 중요한 것은 실천하지 않는 말과 글은 아무런 의미가 없습니다. 흔히 감동感動이라는 말이 있죠? 이말의 본래의 의미는 감感하였으므로 동動한다는 말입니다. 즉, '좋은 말이나 좋은 글을 보고 당장 행동으로 옮긴다'는 말을 우리는 흔히 감동이라고 합니다. 따라서 좋은 말과 좋은 글을 듣고 보았다면 반드시 지금 당장 실천하시길 바랍니다.

때때로 작심 3일밖에 못갈 수도 있습니다. 괜찮습니다. 모든 사람들이 작심 3일을 많이 합니다. 하지만 이제부터는 돈을 벌고, 돈을 모으고, 돈을 굴리며, 돈을 벌고 싶다면 1년에 작심 3일을 100번 해 보시길 바랍니다.

그렇다면 여러분의 삶은 분명 달라져 있을 것입니다. 인생에 있어서 낙담하고 실패하며 쓰러질 수도 있습니다. 하지만 중요한 것은 실패하고 쓰러졌을 때 다시 일어나면 된다는 것입니다. 다시 말해 포기하지 않는 정신이 중요합니다.

저의 인생 또한 마찬가지입니다. 어릴 적 가난한 집안에서 태어났고 힘들게 자랐지만, 성공하기 위하여 돈을 벌기 위하여 처절하고 치열하게 살아왔습니다. 그리하여 작은 행복을 누려보았고 대학 교수라는 직함도 가져보았고, 수천 명이 운집한 대강당에서 강의도 해보았고, 저의 한 편의 유튜브 방송이 170만 회라는 조회 수를 이루기도 하였고, 이 책을 포함하여 4권의 책을 출간하였으며, 돈과 부동산 재테크에 관련된 개인 개인 유튜브 〈배종찬 교수의 맛있는 돈이야기〉의 구독자 수가 12만 명이 넘었습니다. 돈에 대하여 포기하는 삶, 돈의 노예가 된 삶, 어제가 오늘이고 오늘이 내일인 삶을 살았다면 이러한 결과는 저에게 찾아오지 않았을 것입니다. 오로지 돈의 노예에서 벗어나고, 돈으로부터 자유인이 되기 위하여 부단히 노력한 결과가 오늘에 이르지 않았나 생각합니다. 저의 자랑이 아니라, 이렇게 부족한 저도 해냈다는 이야기를 하고 싶은 것입니다.

여러분! 포기하지 마세요. 절대 포기하지 마세요. 어떤 경우든 포기하지 마세요. 반드시 자신과의 싸움에서 승리하시고, 기필코 돈과의 싸움에서 승리하시며, 돈의 구속에서 탈출하시는 '경제적, 정신적, 시간적, 육체적 참 자유인'이 되시길 바랍니다.

끝으로 이 책을 사랑하는 가족들과 유튜브 〈배종찬 교수의 맛있는 돈이야기〉의 구독자분들, 다음 카페 〈아름다운 부자〉의 회원분들과 저를 아는 모든 분들께 바칩니다. 저의 모든 영광은 바로 여러분 덕분입니다. 감사하고 또 감사합니다.

지속가능한
부의 비결

1판 1쇄 펴낸날 2021년 1월 24일

지은이 배종찬
펴낸이 나성원
펴낸곳 나비의활주로
책임편집 유지은
디자인 design BIGWAVE

주소 서울시 성북구 아리랑로19길 86, 203-505
전화 070-7643-7272
팩스 02-6499-0595
전자우편 butterflyrun@naver.com
출판등록 제2010-000138호
상표등록 제40-1362154호

ISBN 979-11-90865-19-7 03320